Anjana Gill

Tara

Die Reise zum Ich

Geheimnisse des Lebens

„Mein Wissen liegt nicht im Dunkeln.
Es ist ein glänzendes Geheimnis,
von unvergleichlicher Klarheit und
sofort verständlich."

Aus der Bhagavadgita

Anjana Gill

Tara

Die Reise zum Ich

Geheimnisse des Lebens

tao.de

1. Auflage 2015 in der J.Kamphausen Mediengruppe des 2008 erstmals im Smaragd Verlag veröffentlichten Buches

Autorin: Anjana Gill
Umschlaggestaltung: tao.de
Illustrationen: Sophia Schmoll, Dipl.-Design
www.sophiaschmoll.de
design@sophiaschmoll.de
Lektorat: Mara Ordemann

Printed in Germany

Verlag: tao.de in J. Kamphausen Mediengruppe GmbH, Bielefeld, www.tao.de, eMail: info@tao.de

Bibliografische Information der Deutschen Nationalbibliothek:
Die Deutsche Nationalbibliothek verzeichnet diese Publikation in der Deutschen Nationalbibliografie; detaillierte bibliografische Daten sind im Internet über http://dnb.d-nb.de abrufbar.

978-3-95802-424-3 (Paperback)
978-3-95802-425-0 (Hardcover)

Meinem Vater

Joginder Singh Gill

Über die Autorin

Anjana Gill, verheiratet, Mutter zweier Töchter, ist Halbinderin (Vater Inder, Mutter Deutsche). Sie beschäftigt sich hauptsächlich damit, asiatische und westliche Weisheiten optimal miteinander zu verknüpfen und so den Weg für eine globale Lebensphilosophie mit zu ebnen.

Für Anjana Gill liegt der Sinn und die Freude eines jeden Lebens darin, sich nicht von den oberflächlichen Verblendungen dieser Welt gefangennehmen zu lassen, sondern sich selbst als Seele zu erkennen und zu leben.

Zum ersten Mal führt sie ihre Leser in Romanform zu dem tiefen Schatz der Seele. Lassen Sie sich mitnehmen auf eine magische Reise zu den Wahrheiten des Lebens und seien Sie gespannt, wie auch Ihr Leben sich verändern wird.

Kapitel I

Es war wieder einer dieser Tage. Ich war todmüde, – kein Wunder, nach nur drei Stunden Schlaf. Also, aufstehen und zurechtmachen – soweit das mit diesen Ringen unter den Augen überhaupt möglich war. Für das Frühstück blieb mal wieder keine Zeit, nur schnell die wichtigsten Unterlagen zusammenraffen, und schon musste ich los.

Noch eine halbe Stunde und der Termin mit dem Stofflieferanten stand an. Gerade heute war natürlich jede Ampel rot. Wie verhext! Und nein, auch das noch: Stau. Es war zum Verrücktwerden. Der Termin war wichtig – sehr wichtig sogar. „Mensch, jetzt fahrt doch endlich", dachte ich entnervt. Der Erfolg der nächsten Kollektion hing von diesem Termin ab. Schließlich hatte ich bei Herrn Gonzalez, dem Stofflieferanten, zwei lange Jahre Überzeugungsarbeit geleistet, mit uns zusammenzuarbeiten und nicht mit der Konkurrenz. Und heute war endlich unser erster Besprechungstermin. Keiner konnte diese qualitativ hochwertigen Stoffe zu solch einem günstigen Preis in so kurzer Zeit liefern wie Herr Gonzalez. Ich musste unbedingt pünktlich sein! Endlich, der Verkehr rollte weiter. Geschafft! Mit quietschenden Reifen und Herzrasen kam ich mit zehn Minuten Verspätung im Geschäft an. Herr Gonzalez saß bereits in meinem Büro. Anna, meine Assistentin, hatte ihm schon eine Tasse von unserem köstlichen Kaffee gebracht und, Gott sei Dank, die Stimmung war entspannt.

Der Termin lief gut. Herr Gonzalez und wir verabredeten, ab sofort zusammenzuarbeiten. Das war ein schöner Erfolg!

Drei Stunden hatte die Besprechung gedauert, und anschließend stand das Telefon nicht mehr still. Fragen, Entscheidungen, Termine.

Die Knöpfe für die neue Blusenkollektion waren falsch geliefert worden, wo sollten wir bloß so schnell die richtigen herbekommen? Welche Einrichtung sollten wir auf dem neuen Messestand wählen? Die Musterteile von der T-Shirt Kollektion waren falsch geschnitten, kein Shirt saß richtig! Und ständig schrillte das Telefon!

Ich wollte nicht mehr gestört werden, doch den nächsten Anruf musste ich leider noch entgegennehmen:

Es war Frau Lohmann von unserer Hausbank. Ich hielt die Luft an. Wir brauchen den Kredit, ohne diesen Kredit können wir keine perfekte Kollektion abliefern, rasten die Gedanken durch meinen Kopf.

Den Rest hörte ich nur noch durch eine Nebelwolke: Abgelehnt, nicht genug Sicherheiten, noch mal zusammensetzen...

Alles um mich herum drehte sich. Ich konnte nicht mehr klar denken. Innerlich rief ich um Hilfe, doch dann verlor ich den Boden unter den Füßen.

Irgendwann später hörte ich Annas besorgte Stimme:

„Tara! Tara, bitte wach auf! Komm zu dir!"

Ich fühlte das angenehm kalte Tuch auf meiner Stirn und kam langsam wieder zu mir. Anna, meine rechte Hand, meine Perle, brachte mir ein Glas Wasser – das tat gut!

Langsam kehrten meine Sinne wieder zurück.

Was war das? Was war mit mir geschehen? „Du bist völlig überarbeitet, Tara. Ich bringe dich jetzt nach Hause, und dann ruhst du dich erst einmal aus“, kümmerte sich Anna liebevoll um mich. Aber das ging auf keinen Fall. Schließlich hatte ich eine Firma zu führen. Es waren noch so viele Dinge zu erledigen, gerade heute konnte ich mich unmöglich ausruhen. Doch als ich aufstehen wollte, drehte sich alles wieder, ich schwankte erneut, und nun war jeder Widerstand zwecklos.

Anna packte mich und fuhr mich nach Hause.

So landete ich an einem ganz normalen Mittwochnachmittag in meiner Wohnung auf meinem Sofa.

Ich wollte mich ausruhen, neue Kraft schöpfen, aber meine Gedanken rasten weiter und weiter. Ich hatte das Gefühl, im Kopf Achterbahn zu fahren. Aber auf dem Sofa liegen hatte keinen Sinn, also beschloss ich, einen Spaziergang zu machen. Vielleicht konnten die frische Luft und der Sauerstoff mein Gehirn wieder in Gang bringen.

Eigentlich wohne ich wirklich wunderschön. Ich habe eine schicke Penthousewohnung direkt am Fluss. Hier ist so ein wunderschönes Fleckchen Erde, aber ich nehme das alles gar nicht mehr wahr, ging es mir durch den Kopf.

Auch heute war wieder ein herrlicher Tag. Die Sonne schien, die Temperatur war wunderbar angenehm und der Wind strich mir sanft durchs Haar.

Ich schlenderte am Ufer entlang und genoss den Spaziergang. Langsam beruhigte sich das Chaos in meinem Kopf. Die Sonnenstrahlen wärmten meine Haut, der Wind streichelte mich wie eine liebevolle Mutter; das Lichterspiel zwischen dem Sonnenlicht und dem Schatten, den die Bäume spendeten, war wunderschön anzusehen.

An der Fährstation blieb ich schließlich stehen und schaute in den Fluss. Die Sonne spiegelte sich in dem Wasser, kleine Wellen schwappten ans Ufer. Meine Augen tranken diese glänzenden Lichtreflexe, und meine Haut atmete die Sonne und den Wind. Zum ersten

Mal seit langem fühlte ich mich so etwas wie entspannt, ja, fast schon ein wenig frei!

Es war erst 16 Uhr, und so beschloss ich, mit dem Fährboot zu fahren und die Zeit, die ich nun endlich einmal für mich hatte, noch weiter zu genießen. Ich lief den Steg entlang und betrat die Fähre.

Und was dann geschah, veränderte mein Leben für immer...

Abfahrtszeiten
Sa
FÄHRE

Kapitel II

Was war das? Wo war ich?

Das hier war nicht die Fähre. Diesen Ort hatte ich noch nie gesehen. Was war geschehen?

Da sagte ein warme, herzliche Stimme: „Komm herein, Tara, komm nur herein! Schön, dass du da bist. Ich habe dich bereits erwartet."

Jetzt war es also doch so weit. Ich war verrückt geworden. Oder war ich etwa tot?

„Nein, Tara, du bist nicht tot. Du bist sehr lebendig", antwortete die Stimme.

Das Licht blendete mich so sehr, dass ich nicht erkennen konnte, wer oder was um mich herum war.

Hatte ich laut gedacht? Nein, ich hatte nicht gesprochen – ganz sicher nicht. Aber woher wusste die Stimme dann, was ich dachte, und von wo kam diese Stimme überhaupt?

„Komm, Tara! Komm herein und setz dich einen Moment zu mir!"

Erst jetzt schaute ich mich um. Welch ein merkwürdiger Ort!

Offenbar befand ich mich auf einer Art Floß, dessen Boden mit einem weichen, hellen Teppich bedeckt war; mir gegenüber wehte ein weißer fließender Stoff, ein wunderschönes, gelbliches Licht hüllte diesen sonnigen Ort ein, und dann sah ich IHN: einen älteren Mann auf einem gelben Kissen im Lotussitz auf dem Boden. Er trug weiße Kleidung, einen Turban und einen langen weißen Bart. Er lächelte mich an und bedeutete mir mit einer Handbewegung, gegenüber von ihm Platz zu nehmen. Ich war wie verzaubert. Ich folgte seiner Anweisung und setzte mich auf ein zweites gelbes Kissen, das schon auf mich zu warten schien. Nun konnte ich den Mann genauer betrachten. Solche Augen hatte ich noch nie gesehen! Und ich starrte ihn an wie gebannt.

Wahnsinn! Braune, warm leuchtende Augen sahen mich liebevoll an. Sein Antlitz strahlte wie die Sonne selbst. Er sah aus wie ein Heiliger.

Eine Welle der Wärme durchströmte mich. Es war ein Gefühl, wie nach Hause zu kommen:

unbeschreiblich schön! Ich war überwältigt von dieser Ausstrahlung.

Ich weiß nicht, wie lange ich so dagesessen und aus seinen Augen Liebe und Zuneigung getrunken habe.

Nachdem ich mich jedoch halbwegs gefangen hatte, übernahmen meine weltlichen Gedanken wieder die Oberhand.

Was machte ich hier eigentlich? Was soll ich an diesem seltsamen Ort?, überlegte ich.

„Du bist hier, um etwas zu lernen", sagte der Inder freundlich. Es ist bestimmt ein Inder, dachte ich.

Schon wieder! Ich denke etwas, und er antwortet! Er kann Gedanken lesen! Das schien alles nicht von dieser Welt zu sein. Ich kam mir vor wie in einem Film. Nur wusste ich im Moment nicht, welche Rolle ich darin spielte.

„Mein liebes Kind", unterbrach der Inder die Stille, „heute morgen bist du zusammengebrochen und hast innerlich um Hilfe gerufen. Und hier bin ich. Ich bin für dich da.

Ich werde dir helfen, wenn du es möchtest."

„Wer bist du?", fragte ich wie versteinert.

„Nenn mich Gurudschi“.

„Gurudschi? Ist das dein Name?“

„Ja, im Moment ist das mein Name. Ich werde dir erklären, was er bedeutet: ‚Gu‘ bedeutet: Dunkelheit, und ‚ru‘ bedeutet: das, was vertreibt. Ein Guru ist also jemand, der die Dunkelheit vertreibt. Und was passiert, wenn die Dunkelheit weg ist, Tara?“

„Es wird hell?“

„Genau, es wird hell und das Licht kann strahlen. Das wollen wir hier lernen. Die Dunkelheit aus deinem Leben zu vertreiben, damit das Licht über dir und aus dir erstrahlen kann. Das Wort Guru stammt übrigens aus dem Sanskrit, der ältesten Sprache der Welt. Das tibetische Wort für Lehrer ist Lama, eine Übersetzung des Wortes Guru aus dem Sanskrit.

Und ein vorübergehender Lehrer möchte ich für dich sein. Ich werde dir helfen, wieder mehr Licht in dein Leben zu lassen.

Ich war sehr ergriffen von seinen Worten.

„Woher kommst du?“, meine Neugierde war nun vollständig geweckt.

„Das ist im Moment nicht wichtig. Wichtig ist nur, dass du den Weg zu mir gefunden hast. Du bist gekommen und das ist gut so... Geht es dir wieder besser, Tara?“

Er betrachtete mich mit unendlichem Wohlwollen, und für einen Moment spürte ich eine reine, bedingungslose Liebe. Es gab ein Gefühl tiefer Vertrautheit zwischen uns, beinahe so, als ob wir uns schon ewig kennen würden.

Ja, inzwischen ging es mir viel besser.

„Nun, dann können wir heute mit einer kleinen Einführungslektion beginnen.“ Er reichte mir eine Tasse wunderbar duftenden Ingwertee. Ich wickelte ein Stück Zucker aus dem Papier und tat es in meinen Tee.

Da bemerkte ich, dass auf dem Papier etwas geschrieben stand:

Nur wenige Menschen auf dieser Welt
vermögen, normal nachzudenken.
Es gibt eine schreckliche Neigung,
alles zu akzeptieren, was gesagt wird,
was zu lesen ist. Alles zu akzeptieren,
ohne es in Frage zu stellen.

Nur derjenige, der bereit ist,
etwas in Frage zu stellen und selbst zu denken,
wird die Wahrheit finden.
(Nisargadatta Maharaj)

Verwundert schaute ich den Inder an. Und Gurudschi begann zu erzählen:

„Ihr lebt in einer sehr hektischen und turbulenten Zeit. Die Menschheit hat sich den materiellen Werten verschrieben und ist pausenlos tätig, um ihren äußeren Komfort zu erhöhen. Die westlichen Länder sind nie zufrieden. Sie haben alles und wollen noch mehr. Ihr seid dem puren Materialismus verfallen. Der Preis, den ihr dafür bezahlt, ist hoch: Ihr vergesst eure Seele. Und genauso geht es auch dir. Du rennst durch dein Leben als sei es ein Wettlauf mit der Zeit. Du jagst von Termin zu Termin und auch in deiner Freizeit ist alles fest geregelt. Fitnessstudio, Theater, Kino und, und, und. Du bist eine erfolgreiche Geschäftsfrau, die geschätzt und anerkannt wird, aber bist du auch glücklich – richtig glücklich?"

Ich dachte einen Augenblick nach und antwortete darauf. „Was ist schon Glück? Ich habe einen Job, um den mich viele Menschen beneiden. Ich wohne in einer tollen Wohnung, habe schicke Klamotten und ein cooles Auto, fahre zweimal im Jahr in Urlaub. Was will man mehr?“

„Du hast meine Frage nicht richtig verstanden, Tara. Ich habe dich nicht gefragt, was du alles hast und besitzt. Ich habe gefragt, ob du glücklich bist.“

„Wie meinst du das, Gurudschi?“

„Ich meine das Glück, das aus dem tiefsten Inneren kommt. Ich meine das Glück, das deinen ganzen Körper durchströmt, nicht nur für einen kurzen Moment, sondern als Lebenseinstellung. Ich meine das göttliche Glück.“

Ich dachte einen Moment lang nach. War ich glücklich?

Nicht immer, aber unglücklich fühlte ich mich auch nicht. „Manchmal bin ich auch richtig glücklich. Aber dieses Glücksgefühl hält meistens nicht lange an. Oft dauert es nur sehr kurze Zeit. So geht es doch den meisten Menschen in unserer Gesellschaft. Ich dachte, das sei normal.“

„Bei euch ist das heute normal, da hast du Recht. Das liegt daran, dass ihr, spirituell gesehen, Anfänger oder, besser gesagt, Waisenkinder seid. Niemand hat euch beigebracht, dass zu einem wirklich erfüllten Leben auch eine spirituelle Seite gehört. Niemand hat euch beigebracht, wie wichtig es, ist auf euer Herz zu hören.

Ihr könnt Computer bedienen, zum Mars fliegen, und so weiter, aber ihr habt keine Ahnung von eurer Seele. Das wahre Glück kann aber nur aus der Seele kommen. Materielle Dinge machen kurzzeitig Freude, sie beruhigen euch auch sehr. Aber das wahre, tief empfundene Glück kann immer nur aus deiner Seele kommen.

Ihr habt gelernt, durch Geschäftigkeit Selbstwertgefühl zu entwickeln. Aber ständig aktiv sein, weil man bestimmte Dinge machen soll, dient keinem höheren Zweck.

Doch Dinge zu tun, weil sie aus der Seele kommen, dient einem höheren Ziel, und diese Aktivität macht dich, macht jeden Menschen dauerhaft glücklich. Spirituelles Wachstum bedeutet, das Herz zu öffnen. Du musst nichts dafür anschaffen oder lernen. Alles ist bereits in dir vorhanden. Du musst dich nur erinnern; lass es einfach zu!

Es gibt noch viele Dinge auf dieser Erde, wunderbare, für euch manchmal geheimnisvolle Dinge. Sobald du den Schleier vor deinen Augen ein wenig zur Seite schiebst, wirst du sie entdecken. Dein Leben ist eine wunderschöne Reise, auf der es die herrlichsten Dinge zu entdecken gibt. Dein Leben kann prächtig sein!“

Bei diesen Worten Gurudschis erfasste mich ein tiefer Frieden, wie ich ihn zuvor nie gekannt hatte.

„Nimm ein wenig die Geschwindigkeit aus deinem Alltag, Tara, und gönne dir Zeiten der Muße! Halte inne und erfreue dich auch an den einfachen Dingen – den Blumen, dem Lächeln eines Menschen...!

Wie geht es dir, Tara? Du siehst ein wenig müde aus.

Für heute beenden wir unsere kleine Sitzung. Ich glaube es ist gut für dich, nun nach

Hause zu gehen und mit einer Zeit der Stille zu beginnen.

Denke in Ruhe über unser erstes Gespräch nach und komme wieder zu Kräften! Meine Gedanken werden dich begleiten. Du kannst wiederkommen, wann immer du möchtest, meine liebe Tara!"

Gurudschi faltete die Hände, legte sie in Brusthöhe aneinander und verneigte sich ein wenig.

Offensichtlich war meine erste Einweisung bei ihm zu Ende. Zuerst war ich ein bisschen traurig, denn eigentlich wollte ich hier gar nicht mehr weg. Lange hatte ich mich nicht mehr so wohl gefühlt wie hier bei Gurudschi. Aber wenigstens hatte ich ja jetzt viel Stoff zum Nachdenken! Ich verabschiedete mich, indem auch ich die Hände faltete und mich leicht verneigte. Noch einmal sah ich in dieses liebevolle Antlitz. Gurudschi lächelte mich an, und dann trat ich auf den Steg hinaus.

Nach einigen Schritten drehte ich mich herum, um Gurudschi zum Abschied zu winken. Aber was sah ich! Am Ende des Stegs lag das Fährboot und nicht das Floß! Ich rieb mir die Augen. Das musste eine Fata Morgana sein. Mir schwirrte der Kopf. Ich konnte die Augen öffnen, schließen und wieder öffnen, aber es blieb dabei: Das Floß war weg!

Ich schaute auf meine Uhr. Das konnte doch gar nicht sein: Es war 16 Uhr. Genau zu dieser Zeit hatte ich die Fähre beziehungsweise das Floß betreten. Wo war die Zeit mit Gurudschi geblieben? Hatte ich das alles nur geträumt? Das konnte nicht sein. Gurudschi, das sonnige Licht, das aufregende Gespräch. Ich wusste, dass ich nicht geträumt hatte. Die ganze Sache war mehr als merkwürdig: Wo war das Floß, und wo war die Zeit? Fragen über Fragen. Zuerst war ich bestürzt; doch dann fielen mir wieder die liebevollen Worte des weisen Inders ein: „Ich bin für dich da. Du kannst wiederkommen, wann immer du es möchtest." Als ich an diese Sätze dachte, durchströmte mich erneut dieses friedliche, warme Gefühl. Da wusste ich, ich konnte Gurudschi vertrauen, ich brauchte keine Angst zu haben.

Sofort fühlte ich mich leicht und beschwingt. Gurudschis Worte schwirrten in meinem Kopf herum und ich wollte nur noch eins: nach Hause und in Ruhe über alles nachdenken.

Die nächsten Tage waren sehr anstrengend. In der Firma ging es drunter und drüber, und mir blieb wenig Zeit, über das spannende Gespräch nachzudenken. Die Probleme bei der Kollektionsentwicklung wollten nicht aufhören. Es lief einfach nicht rund. Anna wollte mir helfen, wo immer es möglich war, aber das meiste musste ich schon selbst erledigen. Schließlich trug ich die Verantwortung für den ganzen Laden.

Nach und nach verblassten die Gefühle und Gedanken, und die gewohnte Hektik und die gewohnten Gedankenmuster eroberten ihren alten Stammplatz in meinem Hirn zurück. Zeit zum Nachdenken – ja, wann denn? Innehalten, mich an einfachen Dingen erfreuen. Hört sich ja grundsätzlich alles gut an, aber die Realität sieht anders aus. Ganz anders. Ich kann mir keine Fehler erlauben. Das Geschäftsleben heutzutage gleicht einem Haifischbecken. Du wirst schneller gefressen als du gucken kannst.

Nun ja: „Alltag fressen Seele auf!“ So ist das eben.

Schade eigentlich, dieser Frieden hatte mir gut getan. Für einen Moment fühlte ich mich wieder glücklich, richtig glücklich.

Gurudschi hatte mich gefragt, was mich glücklich mache. Ehrlich gesagt, ich wusste es nicht. Nicht wirklich.

Ich mag meinen Job. Ich mag meine Wohnung. Ich mag meine Freunde. Eigentlich ist mein Leben okay.

Wenn da nicht öfter dieses Gefühl der Leere wäre. Das Gefühl, das kann's doch nicht gewesen sein, war das etwa schon alles? Dann bin ich immer auf der Suche, auf der Suche nach dem Sinn. Ja, das war's. Das hatte Gurudschi gemeint. Es tat gut, wieder einen Schritt aus meinem hektischen Leben zu treten und einen Moment innezuhalten. Nun waren schon sieben Tage seit dieser magischen Begegnung vergangen. Ich hatte Sehnsucht. Sehnsucht nach Gurudschis Wärme. Sehnsucht nach seiner Weisheit.

Ich nahm eine Modezeitschrift, um mich abzulenken und meine Gedanken wieder auf die neue Kollektion zu richten. Träumereien konnte ich mir im Moment wirklich nicht leisten. Dazu gab es zurzeit, weiß Gott, genug zu tun. Aber ich konnte machen, was ich wollte, meine Gedanken schweiften immer wieder ab. Wann war ich glücklich? Als ich mir neulich das tolle Kostüm gekauft hatte, da war ich glücklich. Oder als ich im letzten Urlaub am Strand in diesem urigen Strandrestaurant gegrillt hatte, da war ich auch richtig glücklich. Es waren eigentlich immer nur Momente. Aber immerhin, es gab solche Glücksmomente in meinem Leben, und sie waren wahre Kraftquellen für mich. Aus solchen Momenten zieht man doch die Kraft und Energie für die nächste Zeit.

Ich blätterte weiter in meiner Modezeitschrift, und plötzlich stieß ich auf einen Bericht über Indien und den Satz:

Der höchste Sinn des Lebens besteht darin, sich als Seele anzuerkennen und die Vereinigung mit der göttlichen Quelle anzustreben.

(Swami Vivekananda)

Das war ein Zeichen! Das konnte nur ein Zeichen sein!

Einen Moment lang hatte ich das Gefühl, Gurudschi wäre hier im Raum.

Ich musste zu ihm. Unbedingt!

Und zwar sofort!

Zum ersten Mal in meinem Leben ließ ich alles stehen und liegen. Verantwortung hin, Verantwortung her.

Sollte sich mein ausgeprägtes Pflichtbewusstsein jetzt eben mal hinten anstellen. Ich wollte und musste Gurudschi wiedersehen.

Schnell fuhr ich zum Fluss und lief am Ufer entlang bis zum Fähranleger. Aber dort war nichts. Keine Fähre und erst recht kein Floß. Unendliche Traurigkeit überfiel mich. Wo konnte ich Gurudschi finden? Wo sollte ich nach ihm suchen? Eine Weile starrte ich vor mich hin und überlegte, was ich tun sollte. Da bemerkte ich plötzlich die Fähre, die am Steg anlegte. Wie in Trance, ohne nachzudenken, ging ich den Steg hinab und betrat die Fähre und jauchzte vor Freude auf: Gurudschi war da! Ich befand mich wieder auf dem Floß. Was war das? War das Zauberei?

Aber es war mir in diesem Moment total egal. Hauptsache, mein weiser Inder war wieder da.

Gurudschi lächelte mich voller Liebe an, und dieses Mal fühlte ich, dass der ganze Raum von seinem Frieden und seiner Liebe durchdrungen war.

Ich setzte mich wieder auf das freie gelbe Kissen, mein Kissen, und Gurudschi reichte mir eine Tasse von dem duftenden Ingwertee:

„Schön, dass du da bist, Tara."

Ich schaute in seine Lotusaugen, und mein Herz hüpfte vor Freude.

„Nun", begann Gurudschi unser Gespräch, „wir werden gemeinsam eine Reise machen, eine Entdeckungsreise in die verborgensten Ecken und Winkel deines Geistes. Du wirst dich befreien von Meinungen, Vorurteilen und gedanklichen Festlegungen, mit denen du dich im Laufe deines Lebens belastet hast. Der alte Hausrat kommt weg. Wir werden beginnen, als ob wir nichts wüssten."

„Gurudschi, du hast mich doch gefragt, wann ich richtig glücklich bin. Ich weiß es jetzt. Wenn ich hier bin. Ja, wenn ich hier auf deinem Floß bei dir bin, dann bin ich richtig glücklich." Ich schaute ihn liebevoll an.

„Das ist schön. Nun hast du schon eine Vorstellung davon bekommen, was tiefes Glück ist.

Dieses Glück kannst du immer in dir tragen. Dieses Glück kommt aus deiner Seele, Tara. Alles, was du tun musst, ist, dich auf deine Seele einzustimmen!"

„Was ist denn die Seele eigentlich genau?", fragte ich vorsichtig, denn, ehrlich gesagt, wusste ich es in letzter Konsequenz nicht.

„Im Abendland herrscht die Meinung vor, dass der Mensch sein Körper ist und er einen Geist hat. Das ist so nicht ganz richtig. Im Gegenteil: Es ist genau umgekehrt:

Der Mensch ist eine Seele, und er hat einen Körper.

Die Essenz von uns Menschen ist unsere Seele. Unser Körper ist nur unser Werkzeug. Unser Körper ist quasi das Vehikel, das uns durch das Leben fährt.

Ein Kind wird geboren – es ist eins mit seiner Seele. Aber dann kommen die Menschen. Die materiellen Dinge beginnen, an Bedeutung zu gewinnen. Wie die Schalen einer Zwiebel wickeln sie sich um den Menschen und nehmen seinen bewussten Geist, seinen Verstand, in Anspruch – Haus, Besitz, Reichtum. Die Seele, der unbewusste Geist, droht von diesen Hüllen erstickt zu werden.

Der Mensch lebt wie ein Gefangener in seinem Körper. Wer nur seinen Körper liebt, der liebt sein eigenes Gefängnis. Aber wir sind nicht nur unser Körper. Wir sind grenzenlos. Das Geheimnis des Glücks ist, sich nicht zu begrenzen und sich seiner Seele bewusst zu werden."

Ich hing wie gebannt an seinen Lippen und wollte jedes Wort aus seinem Mund aufnehmen.

„All' unsere egoistischen Triebfedern,
all unsere persönlichen Wünsche verdunkeln
die wahre Sicht auf unsere Seele,
weil sie nur auf unser eigenes erbärmliches
Ich hinweisen.
Wenn wir uns unserer Seele bewusst sind,
nehmen wir das innere Wesen wahr, das über
unser Ego hinausgeht und die tiefsten
Verbindungen zum Ganzen besitzt.

Diesen tiefsinnigen Spruch hat der indische Dichter und Denker Rabindranat Tagore geschaffen. Kannst du seine Bedeutung erahnen und erkennen?"

Ich nickte eifrig. Aber konnte ich das wirklich?

Gurudschi machte eine Pause. Er wirkte tief in sich versunken, aber auf einmal strahlte er mich wieder an.

„Vielleicht ist das alles ein wenig zu viel für dich, meine liebe Tara."

„Nein, nein!", widersprach ich erschrocken. Ich wollte hier bleiben und eintauchen in diese neue Welt.

„So warst du schon als kleines Mädchen, Tara. Schon immer neigtest du zu Übertreibungen, egal, ob bei der Arbeit oder beim Lernen. Deine Mutter hatte immer ihre liebe Mühe, dich von dem, womit du gerade beschäftigt warst, loszureißen."

Ja, das stimmte. Aber woher wusste Gurudschi nun auch noch Dinge aus meiner Kindheit?

Statt wie sonst auf meine Gedanken zu antworten, lächelte er mich nur geheimnisvoll an. Ich wollte ihn gerade danach fragen, als er sagte: „Später, Tara! Später."

„Nun weihe ich dich erst einmal in die Geheimnisse der Stille und der Ruhe ein.

Das Wichtigste, was du lernen musst, ist, nicht ständig die Geschwindigkeit deines Lebens zu erhöhen.

Der erste Schritt dahin ist zu lernen, in die Stille und in die Ruhe zu gehen. Denn diese beiden sind deine Eintrittskarten in dein herrliches und glückliches Leben."

Gurudschi reichte mir einen Zettel mit einem Spruch:

Stille ist ein großer Segen,
sie reinigt das Gehirn, gibt ihm Vitalität.
Und diese Stille erzeugt große Energie,
nicht nur Energie des Denkens oder die Energie
von Maschinen, sondern unverdorbene Energie,
die unermessliche Kräfte und Fähigkeiten hat.
Dies ist der Ort, wo das Gehirn, das sehr aktiv ist,
still sein kann.
Eben diese intensive Aktivität
des Gehirns hat die Eigenschaft und die Schönheit
der Stille.

(Jiddu Krishnamurti)

Ich las den Spruch mehrere Male durch und dachte darüber nach.

„Kommt daher der Spruch: In der Ruhe liegt die Kraft?“

„Ja, auch. Die Welt ist laut geworden. Und um die Geheimnisse des Lebens zu erkennen, musst du leise sein, sonst kannst du sie nicht hören!

Es ist wichtig, dass du dir jeden Tag eine Auszeit nimmst. Gönne dir den Luxus von Stille, Zeithaben und einen Moment des Nichtstuns! Sei es dir wert! Du musst wieder lernen zu hören, was aus dir selbst kommt! In der Zeit der Stille machst du dich frei von den Ablenkungen dieser Welt und betrittst einen Bereich, der sehr, sehr spannend ist. Wenn alles schweigt, kannst du aktiv und schöpferisch sein. Dann kannst du das Flüstern der Götter hören.“

Ich bekam eine Gänsehaut. Das ‚Flüstern der Götter‘ hörte sich wirklich spannend an. „Was muss ich denn tun, um dieses Flüstern zu hören?“

„Nimm dir jeden Tag eine gewisse Zeit zur Meditation, also eine Zeit für die Stille und die Ruhe. Setze dich entspannt hin, werde still und lausche. Lausche nach innen."

Gurudschi schloss die Augen und wirkte im selben Moment schon tief versunken. Und dabei strahlte er eine ungeheure, absolut intensive Ruhe aus.

Ich tat es ihm nach und schloss meine Augen ebenfalls. Ich sehnte mich so nach Frieden und wollte unbedingt auch in diesen Zustand der Ruhe und Stille eintauchen.

Aber so leicht, wie ich mir das vorgestellt hatte, war das nicht. In meinem Kopf war es nämlich nicht still. Ständig kamen mir irgendwelche Ereignisse oder Aufgaben in den Sinn.

Ich muss mich bestimmt nur zusammennehmen und etwas mehr konzentrieren, dann wird es mir auch gelingen, meine Gedanken abzustellen, beruhigte ich mich selbst. Ich wollte unbedingt in den Zustand der Ruhe und der Stille. Schließlich hatte Gurudschi gesagt, sie seien die Eintrittskarten in die schöne, zauberhafte Welt des Glücklichseins.

Ich konnte machen, was ich wollte, es wollte mir einfach nicht gelingen. Verzweifelt versuchte ich, mich besser zu konzentrieren, aber je mehr ich mich konzentrierte, desto wirrer wurden meine Gedanken. Die verrücktesten und – vor allem – banalsten Dinge gingen mir durch den Kopf.

Langsam wurde ich frustriert. Scheinbar war ich zu dumm, ich schaffte es einfach nicht.

„Tara, bleib schön locker. Du verkrampfst dich zu sehr“, unterbrach Gurudschi die Stille.

„Ja, aber was soll ich denn tun! Meine Gedanken schweifen ständig ab. Ich kann mich einfach nicht konzentrieren“, antwortete ich mutlos und deprimiert.

„Lass deine Gedanken einfach zu, Tara. Sobald ein Gedanke kommt, betrachte ihn in aller Seelenruhe, und dann lass ihn weiterziehen. Stell dir einfach vor, diese Gedanken seien Wolken oder Seifenblasen. Schau sie an, und lass sie ziehen. Gestatte dir ein wenig Leichtigkeit. Sobald ein Gedanke in deinem Kopf erscheint, egal wie absurd oder banal er auch sein mag, sieh ihn an, lächle ihm zu, hülle ihn in eine Seifenblase und lass ihn weiterziehen.

Wenn du dich darüber ärgerst, dass dich Gedanken stören, verleihst du ihnen nur unnötig Macht. Damit bindest du sie an dich. Die störenden Gedanken bekommen dann genug Aufmerksamkeit von dir und fühlen sich dadurch so richtig wohl bei dir und bleiben länger als nötig.

Du musst und sollst dich gar nicht konzentrieren, Tara! Konzentration ist eine Anstrengung, und das ist mit Meditation nicht gemeint.

Setz dich einfach hin, atme und beobachte, was geschieht.

Wenn du möchtest und es dir hilft, beobachte einfach deinen Atem – wie er kommt und wie er geht.

Du wirst von ganz alleine Ruhe und Stille entdecken.

Sei unangestrengt und leicht! Genieße beim Meditieren die Leichtigkeit des Seins!“

Ich schaute in sein friedliches Gesicht und entspannte mich augenblicklich.

Erneut schloss ich die Augen, atmete ein und wieder aus und wieder ein... Ich beobachtete meinen Atem, wie er kam und wie er ging – scheinbar von ganz alleine – und spürte, wie ich langsam ruhiger und ruhiger wurde. Sobald ein Gedanke kam, und glaubt mir, es waren viele, stellte ich ihn mir als Seifenblase vor und ließ ihn fröhlich fortschweben.

Sofort hatten diese uneingeladenen Gedanken, diese Störenfriede, ihren Schrecken für mich verloren.

„Wenn du möchtest und es dir dann leichter fällt, kannst du dir nun einen geistigen Meditationsort schaffen“, setzte Gurudschi seinen Unterricht fort.

„Halte deine Augen geschlossen, atme wieder tief ein und aus und stell dir nun einen Ort vor, an dem du dich richtig wohl fühlst! Das kann ein Ort am Meer, in den Bergen oder auf einer Wiese sein. Das kann ein Haus sein, oder ein Platz in freier Natur. Was immer du möchtest, wo immer du dich so richtig wohl fühlst. Deiner Fantasie sind keine Grenzen gesetzt.

Welche Atmosphäre herrscht an deinem Ort? Versuche, sie mit all deinen Sinnen zu erfassen!

Spüre das Gras, den Wind, den Sand unter deinen Füßen. Höre die Vögel zwitschern, lausche den Klängen der Natur!“

Gurudschi machte eine Pause und fragte mich schließlich: „An welchem Platz bist du nun, Tara?“

Ich hatte einen wunderschönen Ort gefunden.

„Ich bin auf einer Lichtung. Es ist warm und sonnendurchflutet. Vor mir sprudelt ein Wasserfall, ungefähr drei Meter hoch. Das Wasser fließt am Boden in ein Bächlein, in dem hier und dort größere Steine liegen. Überall wachsen bunte, üppige Pflanzen. Die Vögel zwitschern und das Wasser plätschert. Rechts steht eine Schaukel mit zwei Sitzen.“

Ich hatte das Gefühl tatsächlich an diesem Platz zu sein.

„Geh hinüber zu der Schaukel und setz dich darauf, Tara, und genieße den Augenblick!“

Ich setzte mich auf die Schaukel und überließ mich ganz diesem beinahe himmlischen Ort.

Nach einer Weile forderte mich Gurudschi auf, wieder zurückzukommen: „Nun hast du deinen ganz persönlichen geistigen Meditationsort gefunden, deinen Rückzugsort. Hierhin kannst du kommen, wann immer du möchtest.“

Ich öffnete die Augen und fühlte mich sehr glücklich.

Es hatte geklappt. Ich hatte den ersten Schritt verstanden. Ich strahlte Gurudschi an, und er lächelte zufrieden.

„Du bist eine gute Schülerin, Tara."

Wir saßen noch eine Weile schweigend, bis Gurudschi schließlich meinte:

„Es ist nun an der Zeit, nach Hause zu gehen, in dein Leben. Integriere die Ruhe und die Stille in deinen Alltag, Tara! Du wirst sehen, es wird dir sehr gut tun."

Gurudschi faltete die Hände und verneigte sich leicht, so wie er es auch beim letzten Mal zum Abschied getan hatte. Es war also wirklich an der Zeit zu gehen.

Ich musste mich regelrecht losreißen von diesem herrlichen Fleckchen des Friedens.

„Komm wieder, wann immer du möchtest!"

Noch einmal trank ich aus Gurudschis Augen Liebe und Frieden, bevor ich das Floß verließ, trat hinaus auf den Anlegesteg, und es kam, wie es kommen musste: Wie beim letzten Mal drehte ich mich um und wollte Gurudschi zum Abschied winken, aber…

...das Floß war verschwunden. Ich schaute auf meine Uhr, und wieder war zwischen meiner Ankunft und jetzt nicht eine Sekunde vergangen.

Merkwürdig! Sehr seltsam, das Ganze.

Und erneut war ich ziemlich verwirrt. Was war nur los? So etwas konnte es doch gar nicht geben.

Ich ging ans Ufer und blickte auf den Fluss. Immer noch durcheinander, steckte ich die Hände in die Hosentaschen, und dabei entdeckte ich den Spruch wieder, den Gurudschi mir vorhin gegeben hatte. Das war der Beweis: Es war also wirklich alles geschehen!

Und so war dieser Streifen Papier für mich ein wahrer Schatz. Aufgeregt lief ich nach Hause.

Ich zündete Kerzen an, setzte mich auf ein Kissen und faltete den Zettel auseinander:

Stille ist ein großer Segen, sie reinigt
das Gehirn, gibt ihm Vitalität.
Und diese Stille erzeugt große Energie,
nicht nur die Energie des Denkens
oder die Energie von Maschinen,
sondern unverdorbene Energie,
die unermessliche Kräfte und Fähigkeiten hat.

Dies ist der Ort, wo das Gehirn,
das sehr aktiv ist, still sein kann.
Eben diese intensive Aktivität des Gehirns
hat die Eigenschaft und die Schönheit der Stille.

(Jiddu Krishnamurti)

Immer und immer wieder las ich den Spruch.

Am nächsten Morgen wurde ich, auf dem Teppich liegend, wach. Ich war wohl irgendwann erschöpft, aber sehr glücklich eingeschlafen. An diesem Morgen jedenfalls ging es mir super. Ich fühlte mich voller Kraft und rundum glücklich!

Strahlend erreichte ich das Büro.

Heute fiel mir die Arbeit richtig leicht.

Anna, meine Assistentin, wunderte sich scheinbar sehr über mich und sah mich immer wieder merkwürdig von der Seite an. Man konnte richtig sehen, was in ihrem Kopf vorging: Sie wunderte sich über meine plötzlich ausgezeichnete Laune, wo ich doch in letzter Zeit wirklich nur noch frustriert und gereizt gewesen war. So, wie sie mich anschaute, dachte sie vermutlich, ich sei frisch verliebt.

Vorsichtshalber sprach Anna mich aber nicht darauf an. Erst einmal abwarten. Heute war jedenfalls ein toller und sogar erfolgreicher Arbeitstag.

Zur Belohnung ging ich mittags in mein Lieblingsbistro. Was für ein herrlicher Tag! – Ich bestellt mir eine Portion Spaghetti Mediterranea und eine Tasse Latte Macchiato.

Mir war irgendwie nach Feiern zu Mute.

Ich nahm mein Buch, das ich mir mitgebracht hatte, und begann darin zu lesen.

Doch plötzlich fiel ein Stück Papier heraus.

Ich hob es auf und las verwundert:

Je mehr ihr euch auf die innere Welt konzentriert,
umso weniger Schwierigkeiten werdet ihr
äußerlich haben...
Noch seid ihr begrenzt, aber wenn es euch
durch tägliche Meditation gelingt,
euer Bewusstsein von der endlichen Welt in die
Unendlichkeit auszudehnen, seid ihr frei.

(Paramahansa Yogananda)

Mir blieb die Luft weg. Woher kam dieser Zettel? War Gurudschi etwa auch hier? Ich blickte mich in dem Bistro um, aber alles war wie immer. An den Tischen saßen einige Leute, von Gurudschi jedoch weit und breit keine Spur.

Langsam wurde mir klar, dass die Dinge, die mir im Moment passierten, mit „normalem Menschenverstand" nicht nachzuvollziehen, geschweige denn zu verstehen waren.

Ich las den Spruch noch einmal. Eines war klar: Dieser Zettel war nicht zufällig hier. Da war ich mir absolut sicher. Dieser Zettel musste eine Botschaft für mich sein! Für mich ganz persönlich! Wahrscheinlich hatte Gurudschi wieder seine Finger im Spiel. Und sogleich erfüllte mich ein Gefühl der Zuneigung für ihn. Sorgfältig steckte ich den Zettel in meine Tasche.

Diese Zettel mit den Botschaften aus einer scheinbar anderen Welt waren für mich so wertvoll wie ein Schatz voller Diamanten. Ach, was rede ich. Ich begann zu begreifen, dass sie einmal viel, viel wertvoller sein würden als alles, was man kaufen kann.

Der Rest des Tages verging wie im Flug. Gemeinsam mit dem Team suchten Anna und ich das Material für die neuen Sommerkleider aus. Wir fanden wunderschöne, farbenfrohe Dessins und herrliche, weich fließende Stoffe. Die Stimmung im Büro war gelöst und fröhlich.

Als ich abends endlich zu Hause war, beschloss ich, mein Wohnzimmer umzugestalten, indem ich eine Ecke in eine Meditationsecke umwandelte. Dazu legte ich nur das neue safrangelbe Kissen, das ich mir in der Mittagspause besorgt hatte, auf den Boden, stellte ein Tischchen davor und hängte eine Magnettafel an der Wand auf, an der ich meine zwei Schatzzettel befestigte.

Gesagt, getan. Jetzt stellte ich noch einige Kerzen auf – und das Werk war vollbracht.

Als ich fertig war, betrachtete ich das Ergebnis und war zufrieden:

Es sah feierlich aus, fast wie ein kleiner Altar.

Genau, das hier war jetzt meine kleine Hauskapelle.

Zufrieden setzte ich mich im Schneidersitz auf mein neues Kissen und weihte meine neue Ecke ein.

Ich nahm meine Eintrittskarten, die Ruhe, die Stille, das Nichtstun, und tauchte darin ein.

Zuerst erschienen wieder die abenteuerlichsten Gedanken, aber dieses Mal ließ ich mich nicht aus der Ruhe bringen. Immer wieder hüllte ich meine nervigen Ruhestörer liebevoll in Seifenblasen und ließ sie dann ziehen. Das ging eine ganze Weile so, doch schließlich hatte ich es geschafft: Ein wunderbares, tiefes Glücksgefühl, Tränen der Rührung stiegen mir in die Augen. Welch erhebender Augenblick!

Das musste es sein, wovon Gurudschi gesprochen hatte.

Ich fühlte mich einfach unbeschreiblich – so, als hätte ich einen Moment lang in reinem Glücke gebadet.

Die nächsten Tage vergingen wie im Flug. Ich hatte ziemlich viel zu tun, aber die neue

Kollektion war fast fertig und machte einen vielversprechenden Eindruck.

Wie man mir später erzählte, bemerkten wohl alle in meinem Team, ganz besonders Anna, dass ich mich zu verändern begann. Ja, eine neue Aura schien mich zu umgeben. Ich strahlte öfter, war auf einmal voller Verständnis und Rücksicht. Die Arbeit mit mir machte richtig Freude. Und das war, weiß Gott, nicht immer so gewesen. Den Stress, den ich offenbar noch vor kurzer Zeit verbreitet hatte, war auf einmal wie weggeblasen. Und das, obwohl wir in der hektischsten Phase der Kollektionsentwicklung steckten!

Zuerst waren meine Leute skeptisch, aber mit jedem Tag wurde die Atmosphäre besser und entspannter, und es entwickelte sich ein heiteres, und doch arbeitsames, kreatives Klima.

Eines Tages schließlich schaffte ich es, meine Mitarbeiter endgültig zu verblüffen. Ich verkündete, dass der Raum neben meinem Büro, der zurzeit sein Dasein als Stau- und Lagerraum fristete, ein Meditations- und Rückzugsraum werden sollte. Jeder, der wollte, könne sich dahin zurückziehen und in die Stille und die Ruhe gehen.

Mehr sagte ich dazu nicht.

Ich richtete den Raum liebevoll in Gelb- und Orangetönen ein und legte große Kissen auf den Boden.

Zu Hause bereitete ich ein kurzes Infoheftchen über die Stille und die Ruhe vor und legte es für jeden zur Ansicht in unser neues „Büro", den Raum der Stille. Wer wollte, konnte darin lesen. Es war ein Angebot, und nichts weiter!

Ich hatte gemerkt, wie gut mir die Zeiten der Ruhe und Entspannung taten und spürte, welche Kraft und Energie diese Auszeiten freisetzten, und nun wollte ich, dass auch meine Mitarbeiter auf den Geschmack kamen und davon profitierten, denn ich hatte inzwischen erkannt, dass aus dem scheinbar passiven Zustand des Nichtstuns eine große konstruktive Aktivität hervorgehen kann.

Nach all diesen positiven Veränderungen, machte sich meine Sehnsucht nach Gurudschi bemerkbar und wurde stärker und stärker.

Schließlich hielt ich es nicht mehr aus und ließ (mal wieder) alles stehen und liegen und machte mich auf den Weg zu ihm. Ich ging auf den Steg und...

The same procedure as every time.

Ich war wieder auf dem Floß bei Gurudschi, der mich freudig begrüßte, meine Hände in seine nahm und mich anstrahlte.

Wir nahmen Platz und tranken einen Schluck Tee. Und sogleich durchströmte mich wieder diese wohltuende Wärme, die von Gurudschi ausging.

Ja, ich war hier wirklich an dem schönsten Ort auf der ganzen Welt!

Gurudschi ließ sich im Lotussitz auf dem Boden nieder. Warmes, sanftes Sonnenlicht durchflutete das Floß und zauberte wieder eine märchenhafte Atmosphäre. Merkwürdig, als ich das Floß betreten hatte, war es draußen nebelig gewesen und die Sonne hatte sich auch nicht blicken lassen…

Egal! Wichtig war im Moment nur, hier zu sein.

Ich machte es mir bequem und wartete sehr gespannt auf das, was Gurudschi mir heute erzählen beziehungsweise beibringen würde. Erwartungsvoll schaute ich ihn an, doch Gurudschi hielt die Augen geschlossen und machte einen versunkenen Eindruck.

Na gut! Wahrscheinlich sollte ich meine Ungeduld etwas zügeln. Also schloss auch ich die Augen und versuchte, zur Ruhe zu kommen und still zu werden.

Es gelang mir mühelos, und bereits nach einigen Augenblicken war ich tief entspannt.

Nach einer Weile hörte ich Gurudschis Stimme: „Reich mir deine Hand, Tara, wir wollen heute einen kleinen Ausflug machen!“

Gurudschi streckte mir seine Hand entgegen. Ein wenig verwundert legte ich meine Hand in die seine.

Und abermals geschah etwas sehr, sehr Merkwürdiges.

Kapitel III

Noch im selben Moment fand ich mich in einem großen Saal wieder, scheinbar bei einem Talentwettbewerb. Gurudschi und ich standen auf einer Bühne.

Doch wir waren keineswegs alleine hier. Einige Meter neben uns stand ein junges Mädchen, ihr Name war Julia.

Offenbar konnten uns die anderen Menschen nicht sehen, denn niemand nahm Notiz von uns. Das junge Mädchen, Julia, trat ans Mikrofon und begann zu singen, als sei nichts geschehen.

Ich dagegen war verwirrt, ja, geradezu verstört:

Was war das denn jetzt schon wieder?

Wo war ich? Neben mir stand Gurudschi und lächelte mich an. Zumindest er schien sich nicht darüber zu wundern plötzlich auf einer Bühne zu stehen. Also beruhigte ich mich auch erst einmal und beschloss, abzuwarten, was geschehen würde.

Julias Gesang klang sehr schön, sie bekam großen Applaus.

Danach traten noch zwei weitere Teilnehmerinnen auf.

Und dann war es endlich soweit: Der Gewinner wurde bekannt gegeben: „The winner is... Julia". Julias Freude war natürlich grenzenlos. Später erzählte Julia den Reportern, sie sei nur hierher gekommen, weil ihr Herz ihr das geraten habe. Ihre Eltern seien vehement gegen diesen Auftritt gewesen und auch ihr Verstand hatte sie von diesem Auftritt abbringen wollen, – mit Einwänden wie: Das schaffst du sowieso nicht! Was sollen die Leute von dir denken! Und ähnlichen Sprüchen. Nun sei sie jedoch glücklich und dankbar, dass sie auf ihr Gefühl, also auf ihr Herz, gehört habe.

Und nun geschah etwas Merkwürdiges: Ich sah Julias weiteres Leben wie einen Film im Schnelllauf vor meinen Augen ablaufen: Wann immer Julia eine wichtige Entscheidung zu treffen hatte, hörte sie auf das Gefühl in ihrem Bauch. Und so wurde Julia eine berühmte Sängerin und dazu noch sehr, sehr glücklich.

Nach einer Weile nahm Gurudschi meine Hand, schwupp, standen wir in einem Wohnzimmer, wo eine hübsche Frau und ihr Mann heftig diskutierten.

Die Frau flehte ihren Mann an, heute nicht zu einem bestimmten Termin zu fliegen, sie hätte so ein unbestimmtes, ungutes Gefühl, etwas könnte passieren. Der Mann versuchte, die Frau zu beruhigen, doch es half nichts. Sie ließ nicht locker. Schließlich schlossen die beiden einen Kompromiss und einigten sich darauf, dass er statt heute die letzte Maschine die erste am nächsten Morgen nehmen würde. Sofort ging es der Frau besser. Und so geschah es dann auch.

Das Flugzeug, mit dem ihr Gatte eigentlich hätte fliegen sollen, stürzte kurz nach dem Start ab!

Mir lief ein Schauer über den Rücken.

Gurudschi nahm erneut meine Hand und…

...schon saßen wir wieder auf unserem Floß auf den gelben Kissen, als seien wir nie woanders gewesen.

Das war mir nun aber wirklich unheimlich:

„Was ist geschehen, Gurudschi? Hast du mich verhext? Wo waren wir gerade? Habe ich das geträumt? Was...“,

Gurudschi unterbrach meine Flut von Fragen:

„Das war eine Art praktischer Anschauungsunterricht, Tara.

Wir haben lediglich eine kleine Gedankenreise gemacht.

Nun konzentriere dich wieder auf das Hier und Jetzt, mein liebes Kind.

Ich möchte dir etwas über die Intuition, diese ungeheure Schatzkammer in deinem Inneren, erzählen.“

„Ja, aber, Gurudschi. Wie sind wir an diese anderen Orte gekommen?“

Ich hatte jedes Zeit und Raumgefühl verloren und war total durcheinander. Ich konnte mir einfach nicht erklären, was mit uns geschehen war und kam mir vor wie Harry Potter, als er auf dem Bahnhof durch die Wand laufen musste, um zu seinem Gleis neundreiviertel zu gelangen. Gab es also wirklich Parallelwelten?

Gurudschi lächelte mich geheimnisvoll und voller Wärme an:

„Später, meine liebe Tara, später! Zu gegebener Zeit wirst du es verstehen.

Lass es einfach zu, den Rest wirst du im Laufe der Zeit begreifen."

Ich war, mal wieder, verwirrt. Kurz gesagt: In meinem Kopf herrschte Chaos.

Mit seinem Lächeln reichte Gurudschi mir einen Zettel, auf dem geschrieben stand:

Die Intuition ist der Schlüssel zu deiner Seele.

Ich versuchte mich zu konzentrieren.

Intuition, ja, was genau ist eigentlich diese Intuition, ging es mir durch den Kopf.

Und wie immer antwortete Gurudschi auf meine unausgesprochenen Gedanken:

„Intuition ist das Wissen aus dem Bauch heraus. Intuition ist eine feinere Form der Wahrnehmung. Intuitiv sein heißt, die Wahrheit zu erkennen, bevor du sie rational erklären kannst.

Die Intuition ist deine innere Schatzkammer. Hier liegt all dein Wissen, das du benötigst. Jeder Mensch besitzt die Fähigkeit, seine innere Stimme zu hören und seine Intuition zu entwickeln und natürlich auch zu nutzen.

Sobald du beginnst, nach innen zu schauen, wirst du die Wunder dieser Welt entdecken. Diese Quelle steckt in jedem Menschen. Die meisten haben sie nur verkümmern lassen und müssen sie nun neu entdecken. Die Intuition spricht ständig mit dir. Sie spricht mit dir in Form von Ahnungen, wie du es ja gerade erleben durftest. Sie schickt dir plötzlich Einfälle, Träume, und vieles mehr. Die Intuition will immer, und zwar immer!, dein Bestes. Sie spielt dir keine Streiche. Sie möchte dich zu deiner Seele führen.

Die Intuition ist der Zugang zu deinem Herzen, zu deiner Seele. Sie führt dich in die Richtung, die gut und richtig für dich ist. Manche Dinge kann man nur mit dem Herzen sehen. Folge der Weisheit des Herzens, folge deinem Instinkt."

Ich dachte nach: Das Gefühl aus dem Bauch heraus, ja, das kannte ich. Oft schon hatte ich das Gefühl gehabt, etwas Bestimmtes tun zu müssen, hatte es dann aber aus irgendeinem Grund doch nicht getan.

„Aus welchem Grund hast du es nicht getan, Tara?“ schaltete sich Gurudschi mal wieder in meine Gedanken ein. „Überleg genau. Warum hast du nicht auf dein Herz gehört, Tara?

Du hast dich von deinem Verstand abhalten lassen. In der Erziehung wird euch beigebracht, auf den Verstand zu hören. Ihr lernt fast ausschließlich, auf den Kopf zu hören und damit verstandesorientiert zu handeln.

Leider vernachlässigt ihr dadurch eure andere Seite, nämlich die des Herzens.

Doch beide Seiten sind für ein erfülltes und glückliches Leben wichtig.

Nun möchten dein Verstand und deine Intuition beide deine Aufmerksamkeit erlangen. Beide möchten sie die Macht über dein Denken und Handeln besitzen. Sobald du beginnst, deinem Herzen zu folgen, kommt meist auch gleich dein Verstand und versucht, dich daran zu hindern, – mit Sätzen wie: Was sollen denn die Leute denken? Oder: Das schaffst du sowieso nicht.

Sobald du die Intuition mit ins Spiel bringst, wird dein Verstand versuchen, dir Zweifel zu schicken, und davon viele, denn er ist eifersüchtig auf dein Herz. Der Verstand möchte die Führung übernehmen und die Intuition klein halten.

Ideal ist es jedoch, wenn du den Verstand und die Intuition zu Komplizen machen kannst. Jeder von den beiden soll das tun, was er am besten kann! Die Intuition ist der Zugang zu deinem Herzen. Die Intuition wird dir sagen, was du im Herzen fühlst, welcher Weg für dich und deine Entwicklung richtig ist.

Der Verstand hingegen kann alles in eine Ordnung bringen und durchdachte, strukturierte Pläne machen.

In einem Satz gesagt:

Die Intuition soll dir sagen,
was du im Herzen fühlst, und der Verstand
soll dann ausführen, was das Herz dir gesagt hat.

Der Verstand soll also die Intuition, deine Eingebungen, in die Tat umsetzen! Das ist der Idealzustand."

Ich dachte eine Weile nach: „Woher weiß ich denn, welche Stimme die Intuition ist und welche vom Verstand kommt? Und will mich der Verstand nicht manchmal auch nur vor möglichen Fehlern beschützen?"

„Die Stimmen zu unterscheiden wird dir schnell gelingen, Tara. Deine Intuition ist diese leise Stimme, die dir sagt was deine Seele möchte. Sie sagt dir, was dir dient, sie ist es, die dein Herz vor Freude hüpfen lässt. Die andere Stimme, die sich dann meldet und sagt, dass es sowieso nicht klappen wird, dass es bestimmt schief gehen wird, das ist meistens die Stimme des Verstandes.

Er will da bleiben, wo er sich auskennt; dort hat er alles unter Kontrolle. Das mag der Verstand.

Er will dich wieder in dein altes Gefängnis sperren. Dorthin, wo es keine Wunder gibt!!!

Mach dir deinen Verstand zum Freund und zeige ihm, wo du hin möchtest! Richte deine Aufmerksamkeit auf das Unbewusste, auf die Bilder deiner Seele!

Überwinde die Grenzen in dir selbst, liebste Tara! Hebe den Schleier zur Seite. Gemeinsam werdet ihr eine wundervolle Welt betreten…“

Gurudschi reichte mir ein Blatt Papier:

Damit die Magie von uns Besitz ergreifen kann,
brauchen wir nichts anderes zu tun, als die Zweifel
aus unserem Denken zu verbannen.
Sind die Zweifel beseitigt, ist alles möglich.

(Carlos Castaneda)

Ja, das klang gut. Sogar mein Verstand erhob dagegen keine Einwände.

Gurudschi und ich saßen noch eine Weile schweigend beisammen und tranken unseren Ingwertee. Es war eine himmlische Atmosphäre, und ich badete buchstäblich darin.

Das war ein Wahnsinnstag gewesen. So viel hatte ich erlebt und gelernt.

Und wie immer fiel mir der Abschied von Gurudschi sehr schwer.

Zu Hause befestigte ich meinen Schatz aus Papier an der Magnettafel und dachte über die Ereignisse nach.

Wie war ich nur mit Gurudschi an diese anderen Orte gekommen? Und welche Geheimnisse verbarg er wohl noch?

Es war eine wunderschöne Vollmondnacht, und ich schaute noch lange, vor mich hin sinnierend, in den dunkelvioletten Himmel. In dieser Nacht träumte ich vom Fliegen und Zaubern und wusste am nächsten Morgen erst einmal nicht, was Wirklichkeit und was Traum gewesen war!

Langsam lernte ich, die Stimmen in meinem Inneren zu unterscheiden, und das war unglaublich interessant und spannend.

In der Firma lief alles wunderbar. Mein Team schien sich selbst zu übertreffen. Und besonders Anna, meine Assistentin, entwickelte sich prächtig. Und wir hatten Erfolg: Die neue Kollektion war toll geworden. Alles lief rund, – beinahe schon unheimlich!

Ich stand in meinem Büro am Fenster und sah hinaus: Die Aussicht war wirklich malerisch. Vor mir lagen die Dächer der Stadt. Die Sonne ging langsam unter und tauchte die Skyline in ein himmlisches, rötliches Licht. Viel zu selten hatte ich mir früher die Zeit genommen, diese Aussicht zu genießen. Mein Leben hatte sich in den letzten Wochen ziemlich verändert. Und wie immer in der letzten Zeit in solchen Situationen, schweiften meine Gedanken zu Gurudschi. Welch ein wundervoller Mensch er war. Ein warmer Glücksschauer durchlief mich, und ich spürte wieder seine Wärme und Liebe und fühlte mich ihm plötzlich ganz nah.

Ich drehte mich um und... das gab es doch nicht! Ich rieb mir die Augen. An meinem Schreibtisch saß Gurudschi!!

„Hallo, Tara! Ich möchte dir etwas zeigen. Hast du Lust auf einen Ausflug?“, fragte er mit einem fast schelmischen Blick.

Ich hatte keine Tür gehört. Wie war er reingekommen? Aber ich vergaß die Frage sofort wieder. Es hatte ja doch keinen Zweck, sie zu stellen; war ja auch eigentlich unwichtig…

Welche Frage! Natürlich hatte ich Lust auf einen Ausflug. Mit Gurudschi würde ich überall hingehen. Bis ans Ende der Welt.

(Damals ahnte ich noch nicht, dass dieser Gedanke wahr werden würde.)

Gurudschi bedeutete mir, meine Hand in seine linke Hand zu legen und...

Ein weiteres Mal ging alles so schnell, dass ich nicht merkte, wie wir an diesen Ort gekommen waren. Wieder hatte ich das Gefühl, jenseits von Zeit und Raum sein.

Jedenfalls standen wir plötzlich vor einem Schreibtisch in einem Großraumbüro, hinter dem ein Mann mittleren Alters saß. Der Mann schien uns nicht zu bemerken – niemand schien das. Herr Mayer, so hieß dieser Mann, machte einen frustrierten Eindruck. Er wirkte hektisch und fahrig und schien regelrecht unglücklich zu sein.

Und nun passierte etwas noch Erstaunlicheres: Ich sah das Leben von Herrn Mayer vor meinen Augen ablaufen und konnte dabei seine Gedanken sehen. Der arme Herr Mayer war ein regelrechter Pechvogel. In der Schule blieb er zweimal sitzen, den Ausbildungsplatz, den er wollte, hatte er nicht bekommen, seine Frau hatte ihn verlassen, in der Firma wurden immer nur die anderen befördert. Sein ganzes Leben war eine Aneinanderreihung von Pleiten, Pech und Pannen. Und warum war das so?

Die überwiegenden und vorherrschenden Gedanken von Herrn Mayer waren folgende: Das klappt sowieso nicht! Warum passiert das immer nur mir? Meine Kollegen mobben mich! Das kann ich mir nicht leisten! Die Welt wird von Tag zu Tag schlechter, und so weiter.

In der Umgebung von Herrn Mayer fühlte ich mich bald unwohl. Die Stimmung hier zog mich wie ein starker Sog nach unten.

Und so war ich froh und erleichtert, als Gurudschi endlich meine Hand nahm und wir uns wieder auf den Weg machten. Ich dachte, es ginge zurück nach Hause, auf unser Floß, aber stattdessen landeten wir wieder in einem Büroraum.

Ich schaute mich um. Hier saß ein freundlicher Mann, Herr Jahn, und telefonierte. Das Telefongespräch verlief in einem netten und entspannten Ton. Auch er konnte uns offenbar nicht sehen.

Die Atmosphäre hier war viel angenehmer als eben bei Herrn Mayer. Blumen standen auf dem Tisch, und an den Wänden hingen Bilder.

Und nun lief der gleiche merkwürdige Prozess ab wie eben bei Herrn Mayer: Das Leben dieses Herrn Jahn lief wie ein Film ab, und auch seine Gedanken wurden für mich sichtbar.

Herr Jahn lebte ein erfolgreiches und heiteres Leben. Erst hatte er eine fröhliche Schulzeit mit vielen Freunden, ergriff dann den Beruf, den er liebte. Er war verheiratet mit einer hübschen und liebevollen Frau und hatte drei nette gesunde Kinder. In der Firma war er äußerst beliebt und wurde nach einiger Zeit sogar als Partner aufgenommen. Nebenbei zeigte er noch ein großes soziales Engagement. Kurzum, er war mit seinem Leben rundum zufrieden und glücklich.

Herr Jahns überwiegenden Gedanken waren folgende:

Das ist kein Problem, das schaffen wir. Nichts ist unmöglich! Das Leben ist wunderschön. Ich bin dankbar für alles, was ich habe! Und so weiter.

In der Nähe von Herrn Jahn fühlte ich mich sehr wohl, – hier herrschte eine entspannte und gelöste Atmosphäre.

Wir beobachteten noch eine Weile das Geschehen, bis Gurudschi schließlich zum Aufbruch drängte.

Wir reichten uns die Hände und... schon saßen wir wieder auf unserem Floß, jeder auf seinem Kissen.

Jetzt brauchte ich aber wirklich erst einmal eine Tasse Tee.

„Gurudschi, wie ist das alles möglich?"

„Die Macht der Gedanken. Die Macht der Gedanken ist unermesslich, Tara."

„Ich meinte eher unsere Reise, bzw. deine Art zu reisen.

Wie ist so etwas möglich, Gurudschi?"

„Auch hier gilt, die Macht der Gedanken ist unermesslich.

Aber es gibt noch andere Dinge hinter den Dingen. Ich habe dir doch versprochen, dass es sehr spannend ist, den Schleier ein wenig zur Seite zu schieben und zu sehen, was alles möglich ist und die Dinge hinter den Dingen zu betrachten."

Ich war wie hypnotisiert. Es war unglaublich, aber auch unglaublich schön.

„Lass uns zu unserem Thema zurückkehren. Was hast du heute gelernt, Tara?"

„Es gibt Pechvögel und Glückspilze. Der eine hat ein schönes Leben, der andere ein unglückliches."

„Ja", antwortete Gurudschi, „und woran könnte das liegen, dass jemand ein Glückspilz ist und ein anderer ein Pechvogel? Was steckt mit dahinter?“

Ich wusste nicht genau, worauf Gurudschi hinauswollte, also redete er weiter: „Die Gedanken, Tara. Die Macht der Gedanken ist unermesslich. Sie haben großen Einfluss auf euer Leben.

Herr Mayer hatte immer und immer destruktive, zersetzende Gedanken – und sein Leben gestaltete sich mit der Zeit dementsprechend. Herr Jahn dagegen war von Beginn seines Lebens an positiv und konstruktiv eingestellt – und sein Leben gestaltete sich mit der Zeit entsprechend.

Gurudschi reichte mir einen Zettel:

Du bist, was du denkst.
Du bist jetzt, was du früher
gedacht hast.
Denn der Verlauf deines Lebens
ist auch die Summe deiner Gedanken.
Die Gedanken, die du ständig denkst,
erzeugen eine Realität.
Zum Glück kannst du selbst bestimmen,
welche Gedanken du denkst.

„Was denkst du darüber, Tara?"

Ich überlegte und antwortete dann:

„Gurudschi, mir kommen aber auch oft Gedanken, die ich mir so nicht ausgesucht habe.

Bei mir wechseln sich negative und positive Gedanken ab. Ich kann mir das eigentlich gar nicht aussuchen. Die Gedanken kommen einfach so in meinen Kopf..."

„Stopp, Tara! Genau hier können wir ansetzen.

Im Moment wirst du von deinen Gedanken beherrscht. Das ist nicht gut. Befreie dich aus den kollektiven Gedankenformen und dichten Energien.

Du bist kein Opfer! **Du bist ein Schöpfer!!!**

Gott hat uns etwas Unglaubliches geschenkt, nämlich die Freiheit der Gedanken!

Lass dir das auf der Zunge zergehen: *Die Freiheit der Gedanken*. Das ist ein unglaublich wertvolles Geschenk.

Nichts und niemand kann über deine Gedanken bestimmen – nur du selbst. Egal, in welcher Situation du bist, nur du allein bestimmst, welche Gedanken du hast. Du bist frei!

Bald wirst du deine Gedanken beherrschen und nicht umgekehrt!

Deine Gedanken sind deine Saat!! Du kannst nur ernten, was du gesät hast. Wenn du also permanent denkst: Das schaffe ich sowieso nicht, wirst du es nicht schaffen. Das ist so sicher wie das Amen in der Kirche.

Wenn du Armut säst, erntest du keinen Reichtum; wenn du Birnen säst, keine Bananen.

Gedanken sind nicht nichts:

Gedanken sind pure Energie.

Sie wirken wie ein Magnet, sie ziehen ihre Wahrwerdung, ihre Erfüllung an. Egal, ob sie gut oder schlecht sind. Das ist ein Naturgesetz.

In diesem Sinne herrscht das Prinzip der Eigenverantwortung.

Nun werde dir einmal über deine gängigen Gedankenmuster und Denkgewohnheiten klar!

Welche Gedanken gehen dir am Morgen als Erstes durch den Kopf, und wie verläuft der Tag, gedanklich gesehen, dann weiter?

Werde dir zuerst einmal der Art und Qualität deiner Gedanken bewusst. Das ist der erste Schritt.

Von hier aus kannst du dann zum Schöpfer werden und dir beibringen, deine Gedanken zu kontrollieren. Bedenke, jeder Gedanke ist Energie!

Dein Unterbewusstsein ist dein treuester Diener. Es wird mit der Zeit verwirklichen, was du an Gedanken eingibst. Leider kann das Unterbewusstsein nicht zwischen Positiv und Negativ unterscheiden. Es arbeitet ähnlich wie ein Computer. Ein Computer funktioniert auch nur so gut wie der Mensch, der ihn bedient.

In deinem Kopf bist du der Chef! Von jetzt an lädst du nur noch Gedanken ein, die positiv und konstruktiv sind. Gedanken, die dir, meine liebe Tara, gut tun.

Befreie dich von den fremd gesteuerten Gedanken, die dir über die Medien und so weiter eingebläut werden!

Werde dir bewusst, welche Gedanken aus dem allgemeinen Massenbewusstsein entstehen und welche von dir allein kommen.

Die negativen und zersetzenden Gedanken, die Gedanken, die dich hinunterziehen und dir schaden wollen, die brauchst du nicht mehr. Schleicht sich ein negativer Gedanke bei dir ein, setze ihm sofort einen positiven entgegen! Das ist sehr einfach und im höchsten Grade erfolgreich.

Dem destruktiven Gedanken: Das schaffe ich sowieso nicht, setzt du augenblicklich den konstruktiven Gedanken entgegen: Das kann ich. Was ich will, das schaffe ich. Dem Gedanken: Ich habe kein Geld, entgegnest du: Ich bin wohlhabend und reich. Dem Gedanken: Es ist so schwer, einen Partner zu finden, setzt du sofort den Gegengedanken entgegen: Ich führe eine glückliche und wunderschöne Partnerschaft.

Füttere dein Unterbewusstsein also mit guten, positiven und aufbauenden Gedanken. Denn das, was du denkst, wird sich erfüllen. Gedanken sind wie Magnete. Denkst du ununterbrochen an Mangel, ziehst du diesen folglich an.

Sobald du einen Gedanken des Mangels hast, ersetzt du ihn durch einen Gedanken der Fülle.

Denkst du daran, wie schwer es ist, einen Partner zu finden, wird es auch so kommen.

Denkst du daran, wie arm du bist, wirst du nicht reich werden. Denkst du daran, wie schlecht die Welt ist, wirst du sie nicht besser machen.

Aber mit *unserer* neuen Methode werden die Mangelgedanken nach und nach aus deinem Leben verschwinden. Sie fühlen sich dann einfach nicht mehr wohl bei dir. Und das ist auch gut so!

Sobald du gelernt hast, deine Gedanken zu kontrollieren und in die richtige Richtung zu lenken, wirst du zur Quelle.

So legst du die Saat für ein wunderschönes Leben.

Du entwickelst dich vom Opfer zum Schöpfer, liebe Tara.

Ist das nicht wunderbar aufregend? Fühlst du die Bedeutung dieser Aussage, Tara?

Du wirst eine Schöpferin!!!“

Gurudschi machte eine kleine Pause.

Meine Gedanken überschlugen sich mal wieder. Im Moment war ich wahrlich nicht der Chef in meinem Kopf, sondern ich hatte eher das Gefühl, von meinen Gedanken überrannt zu werden.

Gurudschi führte fort.

„Das gleiche gilt für die Wahl deiner Worte. Die Worte, die du benutzt, spiegeln deine Einstellung wider.

Wer etwas positiv ausdrücken will, spricht zum Beispiel von ‚Herausforderungen' und nicht von ‚Problemen'. Er spricht anstelle von ‚Kosten' von ‚Investitionen', anstelle von ‚Krisen' von ‚Chancen'.

Wer Dinge negativ ausdrücken möchte, spricht nicht von ‚Herausforderungen', sondern von ‚Katastrophen'.

Spürst du, was hinter der Wahl der Worte steckt? Spürst du die Macht der Worte?

Beobachte deine eigene Sprache, deine eigenen Worte, dann findest du viel über dich und deine Einstellungen und Gedanken heraus.

Also, liebe Tara: Achte bei deiner Kommunikation auf Sorgfalt. Achte auf deine Worte!“

Gurudschi machte eine erneute Pause:

„Das war sehr viel Information für heute. Es wird sich alles ordnen. Mach dir keine Sorgen, vertrau einfach!“, beruhigte Gurudschi mich liebevoll.

Gurudschi schloss die Augen, und ich sah ihn nur an. Sein Anblick tat mir so gut. Er verströmte so viel Liebe und Frieden, und ich merkte, wie meine Seele aufblühte.

Es war ein himmlisches Gefühl.

Ich weiß nicht, wie lange wir so dasaßen. Die Momente mit Gurudschi kamen mir vor wie eine Ewigkeit und gleichzeitig auch wieder nur wie ein flüchtiger Moment.

Irgendwann beendete Gurudschi diesen wunderschönen Spätnachmittag und reichte mir noch ein Merkblatt zum Abschied mit einem Spruch darauf, den jeder kennt, aber dessen tiefe Bedeutung den wenigsten klar ist:

Der Glaube versetzt Berge.

(Matthäus 17, 20)

Zum Abschied faltete Gurudschi dieses Mal nicht die Hände vor seiner Brust, sondern er reichte mir seine Hand.

Ich stand in meinem eigenen Büro: Genau an der Stelle, an der Gurudschi mich abgeholt hatte. Ich war gerade „gelandet“, da kam Anna in mein Büro und brachte mir die neuen Entwürfe, über die wir am Nachmittag gesprochen hatten.

„Wie spät ist es, Anna?“ Ob sie etwas mitbekommen hatte? „17 Uhr, Tara, kann ich noch etwas für dich tun, hast du heute noch etwas vor?“, fragte Anna. „Nein, danke Anna, du kannst gehen. Bis morgen!“ Scheinbar hatte niemand etwas mitbekommen.

Wie auch? Zwischen dem Moment, als ich am Fenster stand und die Aussicht auf die Stadt genossen hatte, und dem, als Anna in mein Büro kam, war eine Minute vergangen, stellte ich fest, als ich auf die Uhr an der Wand blickte.

In dieser Zeit war ich bei Herrn Mayer, bei Herrn Jahn und auf Gurudschis Floß gewesen! Nein, ich hatte heute nichts mehr vor. Ich hatte wirklich genug erlebt.

In den nächsten Tagen beschäftigte ich mich viel mit Gurudschis Worten.

Ich beobachte meine Gedanken fast ständig und war überrascht, was ich dabei entdeckte. Hätte mich noch gestern jemand nach der Qualität meiner Gedanken gefragt, so hätte ich geantwortet, dass ich meistens positiv und konstruktiv denke. Tat ich zwar auch oft, aber oft eben auch nicht. Denn kleine Mangelgedanken hatten sich regelrecht bei mir eingenistet, es sich richtig gemütlich bei mir gemacht. Sie kamen im Laufe des Tages wieder und wieder.

Aber damit war jetzt Schluss! Mangel zieht Mangel an, hatte Gurudschi mir erklärt. Und auf Mangel hatte ich überhaupt keine Lust.

Es wurde wirklich höchste Zeit, meine Gedanken zu entrümpeln. Meinen Schrank sortierte ich ja schließlich auch einmal im Jahr aus.

Also begann ich, jedem Mangelgedanken einen Gedanken der Fülle entgegenzusetzen. Und das machte richtig Spaß!

Ich entschied mich, statt Gedanken des Mangels und des Opfers von nun an Gedanken des Sieges und des Vertrauens, der Fülle und des Schöpfertums zu denken.

Das, was ich also damals tat, glich fast einer Neuprogrammierung meiner Festplatte. Und es machte sogar Freude zu entdecken, in welchen Lebensbereichen sich der Mangel eingenistet hatte.

So hatte ich zum Beispiel auch in das Gejammer meiner Freunde mit eingestimmt, dass es so schwer, ja beinahe unmöglich sei, einen passenden Partner zu finden.

Von nun an würde ich diesem destruktiven Gedanken sofort den Füllegedanken – Ich bin superglücklich, in einer so wunderbaren

Partnerschaft zu leben – entgegensetzen. Ja, genau das würde ich tun!

Diese Zeit war aufregend. Es machte mir sehr viel Freude, hinter meine eigene Fassade zu schauen. Jeder baut sich eine Fassade auf, und keiner schaut in sich hinein.

Ich arbeitete fleißig an mir, und es war wirklich interessant zu entdecken, welche Gedankenmuster und Denkgewohnheiten mich fest im Griff hatten. Aber damit war ja nun zum Glück Schluss.

Meine beiden Lieblingssprüche: *Deine Gedanken sind deine Saat* und *Die Freiheit der Gedanken* hängte ich mir ins Büro. Ich wollte sie nicht vergessen, sondern so oft wie möglich daran erinnert werden und sie verinnerlichen.

Einige Tage später besuchte mich meine Freundin Sita, die ich schon länger nicht gesehen hatte. Wir hatten beide wenig Zeit, und so konnten wir uns leider nur selten verabreden. Aber heute war einer dieser schönen Tage, an denen wir uns trafen.

Sita brachte mir ein kleines Geschenk mit – ein Buch über das Visualisieren.

Ich konnte zuerst nicht viel damit anfangen, doch als ich nach unserem Treffen darin zu lesen begann, bekam ich eine Gänsehaut.

Das Thema passte genau zu dem, was Gurudschi mir als Letztes beigebracht hatte. Es war ein weiterer Schritt, umso erstaunlicher, da ich Sita nichts von meinen Erlebnissen erzählt hatte. Ich war noch nicht so weit, meine Erlebnisse mit Gurudschi mit jemandem zu teilen, nicht einmal mit Sita.

Woher also wusste Sita von meinem neuen Weg?

Scheinbar hat Sita auf ihre Intuition gehört.

Ich begann also, in dem Buch zu lesen:

„Visualisieren heißt, sich etwas bildhaft vor Augen zu führen.

Visualisierung ist ein machtvolles Werkzeug, um die eigenen Wünsche zu erfüllen. Es ist eine hervorragende Methode gemeinsam mit dem Denken „richtiger“ Gedanken vom Opfer zum Schöpfer des Lebens zu werden.

Beim Visualisieren musst du dir den gewünschten Endzustand vorstellen, und das so genau und präzise wie es geht. Als Erstes musst du mit deinen Gedanken dort sein.

Alles auf der Welt ist zuerst in Gedanken entstanden. Alles!

Stell dir die Dinge oder die Situationen, die du anziehen möchtest, in Gedanken vor! Stell sie dir immer und immer wieder vor.

Möchtest du in einem Haus wohnen, stell dir dieses Haus genau vor! Wo liegt es, wie ist der Garten, wie ist die Atmosphäre im Inneren des Hauses? Stell dir vor, wie du Freunde dorthin einlädst und wie sie dir zu deinem Haus gratulieren! Erschaffe dein Haus im Geiste!

Erlebe die Visualisierung mit möglichst vielen Sinnen!

Spüre das Glücksgefühl, wenn du durch dein Haus gehst, nimm den Duft der Blumen wahr.

Möchtest du eine bestimmte Situation erleben, durchlebe auch diese zuerst in deiner Vorstellungskraft! Lass die Visualisierung wie einen Film in deinem Kopf ablaufen!

Lass diesen Film jeden Morgen nach dem Aufwachen und jeden Abend vor dem

Einschlafen in deinem Kopfkino ablaufen. Und dann sei gespannt, was passiert!!!

Eine Kombination von Gedankenkontrolle und Visualisierung wird dich schneller zur Erfüllung deiner Wünsche führen, als du dir vorstellen kannst.

Also, sei vorsichtig, was du dir wünschst, denn es wird wahr werden!“

Ich war tief beeindruckt von diesem Buch und las fast die ganze Nacht hindurch, bis ich irgendwann in einen tiefen Schlaf fiel.

Ich träumte von Gurudschi, wie er sich freute und mir zuzwinkerte.

Am nächsten Morgen rief ich Sita, meine Freundin, an. Ich bedankte mich für das tolle Buch und fragte sie, ob sie es auch schon gelesen hätte oder wie sie auf die Idee gekommen sei, es mir zu schenken.

Sita erzählte mir, wie sie in einer Buchhandlung gewesen sei, nach einem Mitbringsel für mich gesucht habe und sich nicht habe entscheiden können, als auf einmal ein Mann neben ihr gestanden und gesagt habe:

‚Dieses Buch ist sehr empfehlenswert. Es wird Ihrer Freundin gefallen.'

Erst später wunderte sich Sita darüber, woher der Mann gewusst habe, dass sie ein Buch für ihre Freundin suchte, denn sie hatte es ihm gegenüber gar nicht erwähnt. „Wie sah dieser Mann denn aus?“, fragte ich aufgeregt. „Irgendwie anders“, antwortete Sita, „der war nicht von hier. Er trug so eine Art Turban auf dem Kopf.“

Mir wurde heiß und kalt. Also doch, Gurudschi hatte mal wieder seine Finger im Spiel gehabt.

Es war herrlich, – oder eher himmlisch?!

Mein Leben wurde jedenfalls immer aufregender und zauberhafter – im wahrsten Sinne des Wortes!

Die Qualität meiner Gedanken verbesserte sich von Tag zu Tag, und nun ergänzte ich meinen persönlichen Füllegedanken ‚Ich bin glücklich, dass ich in einer wunderschönen Partnerschaft lebe' noch mit meinem persönlichen Fülle – Visualisierungsfilm. Ich stellte mir vor, wie schön mein Leben mit einem Partner wäre: Wir saßen zusammen im Flugzeug und fuhren gemeinsam in den Urlaub, wir saßen am offenen Kamin und plauderten…

Wir besichtigten einen Tempel und unternahmen viele Dinge gemeinsam. In meinem Film waren wir Seelenverwandte. Es war wunderschön. Ich stellte mir die Wärme und die Liebe vor, die wir füreinander empfanden. Ich war glücklich, dass ich ihn gefunden hatte, und er war glücklich, dass er mich hatte.

Ich nahm mir beinahe jeden Morgen und jeden Abend die Zeit, ihn mir ‚anzuschauen'.

Inzwischen fühlte ich mich richtig wohl und glücklich und war gespannt, was Gurudschi sich als Nächstes ausdenken würde.

In der Firma liefen die letzten Vorbereitungen. Am Sonntag fing die Messe, die ‚Collections Premiere' in Düsseldorf, an und vorher gab es immer noch tausend Dinge zu erledigen.

Alles lief erstaunlich ruhig und gut organisiert ab. Daher konnten wir am Sonntag entspannt unsere neue Kollektion auf der Messe präsentieren.

Es war ein voller Erfolg!

Diese Messe machte unglaublich viel Spaß, und der Erfolg verlieh uns beinahe Flügel.

Nach vier Tagen kehrten wir, etwas erschöpft, aber überglücklich nach Hause zurück.

Gleich am nächsten Morgen machte ich mich auf den Weg zum Anlegesteg am Flussufer. Ich wollte unbedingt auf das Floß, zu Gurudschi, und ihm von unserem Erfolg berichten. Und dass ich ihn dabei erwischt hatte, dass er Sita das Buch für mich empfohlen hatte.

Die ersten morgendlichen Sonnenstrahlen brachen durch den Himmel und am Flussufer entstand ein fast mystisches Licht. Der rötliche Schein der aufgehenden Sonne legte sich wie ein seidener Schleier über die Landschaft. Ich erreichte den Anlegesteg, aber es war weit und breit kein Floß zu sehen. Nun, das konnte mich nicht mehr weiter irritieren. Es hatte zwar auch kein Fährboot angelegt, aber dennoch ging ich den Steg entlang. Am Ende des Steges wusste ich zuerst nicht genau, was ich tun sollte, aber dann sagte mir meine innere Stimme, ich solle einfach einen Schritt nach vorne setzen, also, eigentlich, ins Wasser.

Ich verspürte keine Angst. Im Gegenteil, ich spürte Vertrauen. Also tat ich genau das und... richtig, ich war auf dem Floß!

Das war toll. Das war einfach gigantisch!

Gurudschi strahlte mich an, und ich erzählte ihm sogleich von meinen Erfolgen. Er freute sich mit mir und sagte, er sei glücklich, mich so glücklich zu sehen!

„Gurudschi, woher kennst du Sita, meine Freundin?“, diese Frage musste ich ihm einfach stellen.

„Wir alle kennen uns schon sehr, sehr lange, Tara. Du wirst dich eines Tages daran erinnern“, antwortete Gurudschi. „Dir hat das

Buch ja gut gefallen. Lass uns nun noch etwas tiefer hinter die Dinge schauen."

Gurudschi reichte mir einen neuen Zettel mit einem neuen Spruch:

Deine Wünsche befriedigen?
Sicher – aber welche?
Und im welchem Maße?
Präzisiere, was und wie viel du haben willst.
Kinder? Geld? Ruhm? Wie viel davon?

(Swami Prajnanpad)

„Es ist wichtig, dass du dir nicht einfach irgendetwas wünschst. Mache dir ganz klar und deutlich, was genau du haben möchtest!

Wenn du dir beispielsweise wünschst, reich zu sein, sagt das wenig aus. Was genau meinst du mit reich sein? Reich an Erfolg, reich an Geld, reich an Freunden? Möchtest du mehr Geld haben, überleg dir, wie viel! Wie viel Geld brauchst du, um dich reich zu fühlen? Brauchst du es überhaupt?

Überleg du dir einfach, was und wie viel du für ein reiches und erfülltest Leben möchtest!"

„Erfüllen sich denn dann alle meine Wünsche? Brauche ich mir nur zu wünschen, meine Gedanken zu kontrollieren, den gewünschten Endzustand zu visualisieren und dann erfüllen sich meine Wünsche?“, fragte ich erstaunt.

„Im Prinzip schon. Du musst nur noch einige Hindernisse aus dem Weg räumen.“

Na, ich hatte mir ja gleich gedacht, dass da noch ein Haken bei der Sache war. Nach dem Motto: Vor der Erfüllung ihrer Wünsche lesen sie bitte noch das Kleingedruckte.

Gurudschi lachte, er war sehr humorvoll und fand es lustig, wenn ich spitze Bemerkungen machte.

„Hindernisse hört sich schlimmer an, als es ist.

Beginnen wir damit, in deinem Inneren etwas Ordnung zu schaffen.

Im Laufe der Zeit hat sich dort einiges an geistigem Müll, entschuldige den Ausdruck, angesammelt. Stell dir einmal ein Haus vor, in dem der Dachboden über und über mit

Gerümpel und anderen Dingen vollgestellt ist. So ähnlich sieht es bei fast allen Menschen hinter der Fassade aus. Nach außen glänzt ihr, ihr pflegt euren Körper, macht Sport, um eine gute Figur zu haben, wascht euere Autos, pflegt euren Garten usw., usw.

Nur habt ihr leider vor lauter Fassadenputz vergessen euer Innerstes zu pflegen. Geistige Hygiene ist aber sehr, sehr wichtig, denn wenn wir unseren Geist nicht pflegen und sauber halten, verkommt er mit der Zeit. Das ist genauso wie mit allen Dingen!

In deinem Geist hat sich über die Jahre viel Ballast angehäuft, als da wären Angst, Schuld, Aggression, Abneigung gegen bestimmte Dinge, um nur einen Teil zu nennen. Alles wurde auf dem Speicher gelagert. Nun ist es an der Zeit, einen geistigen Hausputz zu machen. Wir sortieren die Dinge, Emotionen und Verhaltensweisen, die du nicht mehr brauchst, einfach aus. Denn diese sind die Hindernisse in deinem Leben."

Gurudschi sprach weiter: „Schuld und Angst, das sind die beiden Dramen, die am häufigsten auf der Bühne des Lebens gespielt werden.“ Er reichte mir einen weiteren Spruch:

Der größte Feind des Menschen ist die Angst,
die in den unterschiedlichsten Ausprägungen
wie Scham, Eifersucht, Wut, Frechheit, Arroganz
existiert...
Was ist der Grund für die Angst?
Mangelndes Selbstvertrauen.

(Swami Prajnanpad)

Ja, die Angst; wer kannte sie nicht? Oft hatte auch ich Angst: Angst, etwas nicht zu schaffen, eine bestimmte Erwartung nicht erfüllen zu können; Angst, jemanden zu verlieren.

„Das stimmt, Gurudschi. Die Angst ist zu unserem ständigen Begleiter geworden. Alle haben Angst. Angst, nicht gut genug zu sein, Angst, den Job zu verlieren, Angst, älter zu werden, Angst, wertloser zu werden...“

„Woher kommt denn das?“, auf einmal wurde mir klar, dass ich ziemlich viele Ängste in mir trug. Ich hatte noch nie darüber nachgedacht, sondern mich für eine selbstbewusste junge Frau gehalten.

„Ihr werdet von morgens bis abends über die Medien mit der Angst gefüttert. In den Zeitungen und im Fernsehen, in vielen Büchern, überall wird das Stück ‚Schuld und Angst' aufgeführt."

Gurudschi reichte mir einen weiteren Spruch:

Das Verlangen nach Rang,
nach Ansehen, nach Macht, –
dieser Wunsch, in der Gesellschaft
als etwas Besonderes anerkannt zu werden,
ist das Verlangen, über andere emporzuragen
und sie zu beherrschen, und dieser Wunsch
ist eine Form der Aggression...
Und was ist die Ursache dieser Aggression?
Es ist die Furcht!
Die Furcht ist eines der größten Lebensprobleme.
Ein Mensch, der von Furcht ergriffen ist,
lebt in Verwirrung, in Konflikt,
und muss daher gewalttätig, verkrampft
und aggressiv sein.

(Jiddu Krishnamurti)

Langsam dämmerte es mir. Da schlummerte ein großes Hindernis in den meisten von uns.

„Gurudschi, was können wir denn dagegen tun?

Wir können doch nicht einfach sagen: So, jetzt habe ich keine Lust mehr auf die Angst, also verschwinde!“

„Angst entsteht aus der Vorstellung heraus, sich vom Universum trennen zu können.

Sobald du erkannt hast, dass du Teil eines Ganzen bist und nicht getrennt vom Ganzen, sobald du erkannt hast, dass du Teil des Universums bist und nicht getrennt von ihm, wirst du die Angst überwinden.

Die erste Brücke, die du überqueren musst, um die Angst und die Schuld zu vertreiben, ist die Brücke des Vergebens.

Bist du bereit, über diese Brücke zu gehen, Tara?“

Und ob ich bereit war!

„Zeige mir bitte diese Brücke, Gurudschi!“, sagte ich voller Neugier und Erwartung und reichte ihm meine Hand.

Und schon folgte das nächste Abenteuer.

Jetzt waren wir in einer Wohnung und platzten mitten in einen heftigen Ehestreit. Die beiden Eheleute schrien und beschimpften sich, bis schließlich der Mann die Wohnung verließ und die Frau weinend zusammenbrach. Ich konnte wieder, wie auch bei meinen vorigen Abenteuern, sehen, wie das Leben der beiden bis dahin verlaufen war. Seit einiger Zeit hatte der Mann eine Freundin, wollte nun mit dieser zusammenziehen und dazu die gemeinsame Wohnung samt Frau und den gemeinsamen Kindern verlassen. Die Frau war darüber sehr, sehr unglücklich und begann, den Mann zu hassen.

Wie es nun weiterging, konnte ich nicht mehr sehen.

Fragend schaute ich Gurudschi an. Ich wollte sehen, wie die Frau das bewältigte.

„Es gibt mehrere Möglichkeiten, wie ihr Leben weitergeht. Welche möchtest du sehen?"

Wenn schon, dann wollte ich alle Möglichkeiten sehen.

„Schau genau hin, Tara!", sagte Gurudschi noch, und schon ging der Film weiter.

Die Frau wurde sehr unglücklich. Sie kam mit der Situation nicht zurecht und fühlte sich einsam, verlassen und verraten. Auch mit der Zeit änderten sich die verletzten Gefühle der Frau nicht. Sie konnte und wollte ihrem Mann diese Schmach nicht verzeihen. Schließlich hatte er, in ihren Augen, ihr Leben zerstört. Sie vergrub sich immer tiefer in ihr Schicksal und ihren Kummer, bis sie schließlich krank wurde.

Schnitt, – und nun kam die andere Verlaufsmöglichkeit.

Die Frau begann, ihr Leben in die Hand zu nehmen, und mit der Zeit wurden die anfänglichen Vorwürfe und Gefühle des Hasses milder. Ich sah, wie die Frau allmählich ihr Leben wieder in den Griff bekam.

Dann sah ich diese Frau noch einmal. Dieses Mal führte sie ein strahlendes, neues Leben in einer harmonischen neuen Partnerschaft. Sie war glücklich und frei von negativen Gefühlen und hatte ihrem Exmann verziehen. Statt der Gefühle von Hass und Ablehnung spürte ich harmonische, positive Emotionen. Sie war mit sich und ihrem Leben im Reinen.

Gurudschi und ich nahmen an einen Tisch Platz.

„Hast du nun eine Ahnung bekommen von dem Geheimnis und der Macht des Vergebens, Tara?“

Ich musste meine Gedanken erst noch ein wenig sortieren. „Also, ich kann schon verstehen, dass die Frau tief enttäuscht von ihrem Mann war und ihm nicht verzeihen konnte. Ich weiß nicht, ob ich ihm hätte vergeben können.“

„Im ersten Beispiel konntest du gut erkennen, was passiert, wenn man sich in derart negative Gefühle hineinsteigert: Du wirst krank, denn dein Körper kann diese Emotionen nicht anders verarbeiten.

Die zweite Möglichkeit ist, die Zeit heilt die meisten Wunden. Irgendwann hört der schlimme Schmerz auf. Die Frau hat sich in ihrem neuen Leben eingerichtet und trägt nur einen Teil der Gefühle des Verletztseins noch in sich.

Du kannst dir das so vorstellen: Jeder Mensch trägt einen Rucksack auf seinem Rücken, in dem alle Dinge, die wir unbewältigt lassen, hineinkommen, in diesem Fall verletzte Gefühle. Und diesen Rucksack schleppen wir immer und bei jedem Schritt auf unserem Rücken mit!

Im dritten Beispiel hat die Frau an sich gearbeitet und erkannt, dass nur vollständige Vergebung der richtige Weg sein kann. Sie hat es geschafft, aus tiefstem Herzen zu vergeben, aus der universellen göttlichen Energie heraus, und trägt jetzt keinen Ballast im Rucksack ihrer Lebenserfahrungen mehr mit sich herum."

Gurudschi schaltete sich wieder ein:

„Ist es nicht wunderschön, dass diese Frau nun richtig glücklich ist? Das Allerbeste daran ist, dass sie keinen negativen Müll in ihr Lebenspaket legen musste.

Stell dir einmal vor, wie gut es sich mit leichtem Gepäck reisen lässt! Du bist frei, herrlich frei!"

„Ja, aber die Frau hatte doch gar nichts getan; das war doch irgendwie nicht gerecht", hielt ich entgegen.

„Es geht nicht um Gerecht oder Ungerecht. Es geht um Vergebung, um wahre, echte Vergebung. Denn sie ist der Schlüssel zu deinem inneren Frieden.

Sie ist der Schlüssel zu deinem Glück.
Sie ist der Schlüssel zu deiner Seele!

Ich erzähle dir ein weiteres Beispiel:

Zwei Frauen arbeiten gemeinsam in einer Werbeagentur. Sie verstehen sich gut und arbeiten auch gut zusammen. Eines Tages bemerkt die eine Frau, dass die Kollegin sie ständig hintergeht und hinter ihrem Rücken Intrigen spinnt.

Reaktionen gibt es wieder mehrere.

Erstens: Die Frau fühlt sich hintergangen und betrogen, ist todunglücklich und wünscht der Kollegin alles erdenklich Schlechte.

Zweite Möglichkeit: Die Frau vergibt ihrer Kontrahentin, weil sie so „edel" ist, dass sie darüber hinwegsieht. Dadurch stellt sie sich moralisch über ihre Gegnerin.

Dritte Möglichkeit: Sie vergibt der anderen Frau ehrlich und aus tiefstem Herzen. Natürlich kann sie gleichzeitig in aller Gelassenheit dafür sorgen, dass so etwas nicht noch einmal geschieht.

Welche Reaktion ist nun die beste?“ fragte mich Gurudschi.

„Die dritte, aber sie ist auch die schwierigste“, antwortete ich.

„Nur solange du dich von deinem Ego führen lässt und dich als getrennt von allem siehst.

Hör auf, über irgendetwas oder irgendjemanden zu urteilen, geschweige denn zu verurteilen. Urteilst oder verurteilst du, verschwindet dein innerer Frieden augenblicklich. Inneren Frieden kannst du nur erlangen, wenn du vergibst, nicht, wenn du verurteilst. Außerdem steht es dir und auch sonst niemandem zu, über irgendein anderes Leben zu urteilen.

Fülle Liebe in deinen Tank, dann verkümmert dein Ego automatisch.

Und denke daran: Die Sonne scheint auch auf alle und auf alles gleich. Sie urteilt nicht, sie scheint einfach!“

Gurudschi reichte mir einen weiteren Spruch:

Wenn ich durch die Kugel
eines Verrückten sterbe,
muss ich es lächelnd tun.
Ich muss frei von Zorn sein.
Gott muss in mir und auf
meinen Lippen sein.

(Mahatma Gandhi)

Ja, unglaublich! Es würde wohl noch etwas dauern, bis ich so weise sein würde. Aber schließlich heißt es ja so schön: Der Weg ist das Ziel.

Irgendwann standen wir auf und gingen. Gurudschi nahm meine Hand...

Plötzlich standen wir vor einer Brücke, die über einen schmalen Fluss führte, an dessen Ufern exotische Pflanzen in den prächtigsten Farben wuchsen, die Sonne schien, das kristallklare Wasser plätscherte vor sich hin, bunte Vögel zwitscherten ihre Melodien – es war eine leichte, friedliche Atmosphäre.

Erstaunt sah ich mich um.

„Diese Brücke, liebe Tara, ist deine Brücke des Vergebens. Es ist deine ganz persönliche Brücke.

Gehe nun über diese Brücke und lerne das Vergeben!

Während du über diese Brücke schreitest, vergib aus tiefsten Herzen, vergib aus der universellen göttlichen Energie heraus:

Vergib dir selbst vollständig!
Vergib deinen Eltern vollständig!
Vergib der Welt vollständig!
Vergib allem und jedem vollständig!“

Das war eine echte Herausforderung. Aber Gurudschi machte mir Mut:

„Denke daran, Tara: Vergeben ist der Schlüssel zu deiner Seele. Es ist auch der einzige Schlüssel. Es gibt keinen anderen.“

Ich ging über meine Vergebensbrücke und vergab.

Ich vergab mir. Ich vergab mir meine Ängste, meine Fehler, meine Wut, meine Schwächen.

Ich vergab meinen Eltern. Ich vergab ihnen alles, was sie meiner Meinung nach falsch gemacht hatten.

Ich vergab meinen Freunden.

Ich vergab der Welt. Ich nahm ihr die Verantwortung ab.

Ich vergab allem und jedem!

Es tat gut, es tat so unendlich gut! Ein tiefes Gefühl des Friedens überkam mich, ein Gefühl, wie ich es vorher noch nie in mir gefühlt hatte.

Mir liefen die Tränen über die Wangen, und ich fühlte mich erleichtert. Ja, ich fühlte mich befreit von einer Last.

Gurudschi stand am anderen Ende der Brücke und erwartete mich. Unendlich dankbar strahlte ich ihn an. Und was ich dann sah, verschlug mir den Atem: Hinter der Brücke lag eine Lichtung, und dort rauschte ein Wasserfall. Aus ungefähr drei Metern Höhe strömte das Wasser in einen Bach, in dem vereinzelt große Steine lagen. Überall wuchsen wunderschöne bunte und üppige Pflanzen...

Das war doch mein eigener, persönlicher, geistiger Meditations- und Rückzugsort!!!

Ich hatte über die Brücke des Vergebens meinen Ort betreten, den ich mir nur in Gedanken ausgemalt hatte. Aber dieser Ort existierte doch nur in meinem Kopf!??

Und jetzt sah ich rechts von mir sogar die große Schaukel.

Das gab es ja alles gar nicht. Das war Magie!

Ein atemberaubendes Erlebnis.

Gurudschi und ich setzten uns auf die Schaukel und sprachen noch lange über das Geheimnis des Vergebens.

Kapitel IV

Von nun an sah ich meine Umwelt mit neuen Augen.

Wer waren die anderen Menschen? Wie sah es wohl in ihrem Inneren aus? Wie verlief ihr Leben?

Ich begann, mich auch in der Firma mehr und mehr für das Leben meiner Mitarbeiter zu interessieren.

Jeder von ihnen trug einen Rucksack auf dem Rücken, wie Gurudschi so schön gesagt hatte, und ich fragte mich, welche Dinge wohl jeder Einzelne mit sich herumschleppte.

Hatte mein Gegenüber eine schwere Last zu tragen? Oder reiste er mit leichtem Gepäck durchs Leben?

Ich durchforstete auch meinen Rucksack und fand so einiges, was ich gar nicht bei mir tragen wollte. Manches davon ließ sich schnell beseitigen; anderes stellte sich als recht hartnäckig heraus. Aber ich merkte schnell, dass eine Reise durch das Leben mit leichtem

Gepäck wesentlich mehr Freude machte. Außerdem war ich so sehr viel beweglicher.

In der Firma delegierte ich mehr und mehr Aufgaben an Anna und mein Team. Und interessanterweise funktionierte es hervorragend. Es ging also auch mal ohne mich; das fand ich sehr schön, weil ich im Moment viel Zeit für mich zum Nachdenken, Sortieren und Neuprogrammieren benötigte.

Gurudschi hatte mich verzaubert. Am liebsten wollte ich nur noch mit ihm zusammen sein und hinter die Dinge des Lebens schauen. Er hatte ja gesagt, dass es spannend werden würde; aber derart spannend, – das hätte ich nicht gedacht.

Ich hatte Sorge, dass ich etwas vergessen könnte. Darum besorgte ich mir erst einmal ein Büchlein, in das ich alle Sprüche von Gurudschi eintragen wollte. Es war im indischen Design, safrangelb und mit kleinen Spiegelpailletten bestickt. Der Stoff sah aus wie das Gewand eines Maharadschas.

Darin notierte ich sorgfältig alle Sprüche von Gurudschi und trug es von nun an immer bei mir.

Eines Nachmittags saß ich auf einer Parkbank, genoss die wärmenden Strahlen der Frühlingssonne und las in meiner Sprüchesammlung. Auf einmal, wie aus heiterem Himmel, saß Gurudschi neben mir auf der Bank.

Ich freute mich unbändig, ihn zu sehen.

„Hi, Tara! Was können wir beide heute denn mal anstellen?“, scherzte er und zwinkerte mir zu.

„Ich bin zu allem bereit, Gurudschi. Was immer du möchtest.“ Das würde wieder ein wunderbarer Tag werden, freute ich mich.

„Tara, was denkst du über Probleme?“, fragte mich Gurudschi.

„Dass ich bald keine mehr haben werde“, antwortete ich wie aus der Pistole geschossen.

„Nun, liebe Tara, dann haben wir jetzt ein Problem“, sagte Gurudschi zu meinem Erstaunen.

„Denn Probleme wird es immer geben. Es gibt kein Leben ohne sie, sie gehören einfach dazu.

Du kannst aber lernen, richtig mit ihnen umzugehen. Dann gibt es zwar noch das Problem, aber dann hast du kein Problem mehr mit dem Problem."

„Ah, ja", sagte ich nur. Gurudschi wollte mich scheinbar ein wenig verwirren. Nun, auch gut.

„Es gibt unterschiedliche Formen von Problemen", fuhr er fort. „Es gibt Probleme, die dir etwas sagen wollen, und es gibt solche, die einfach nur gelöst und vergessen werden möchten. Beschäftigen wir uns zuerst mit ersteren.

Siehst du die junge Frau dort drüben?"

Ich schaute an die Stelle, auf die Gurudschi gezeigt hatte:

„Meinst du die Frau mit dem pinkfarbenen Oberteil und den langen braunen Haaren?", fragte ich zurück.

„Ja, genau. Nennen wir sie Laura. Laura möchte seit Wochen mit dem jungen Mann, der hier im Parkcafé kellnert, zusammen sein.

Dieser jedoch nimmt keine Notiz von ihr. Laura aber gibt und gibt nicht auf, doch das von ihr ersehnte Ergebnis lässt auf sich warten. Nun, Laura sollte ihre Bemühungen einstellen, denn diese Tür ist verschlossen.“

Gurudschi pflückte ein Blatt von dem Strauch, der direkt neben unserer Bank stand, und reichte es mir.

Auf dem Blatt stand etwas geschrieben. Ich schaute genauer hin – das war ja irre! Ein neuer Spruch:

Wenn eine Tür zugeht,
gehen zwei andere auf.

(Indisches Sprichwort)

„Wenn Laura nicht aufgibt, wird sie sehr enttäuscht werden. Der junge Mann ist nicht gut für sie. Das Problem, in diesem Fall die fehlende Zuwendung, will Laura schützen und ihr den Weg in die richtige Richtung weisen. Während sie immer und immer wieder gegen diese verschlossene Tür rennt, übersieht sie vielleicht die offenen.

Renn nicht gegen verschlossene Türen, du wirst dir nur unnötig den Kopf stoßen, meine liebe Tara!

Geh durch die offenen Türen, sie zeigen dir den richtigen Weg, deinen richtigen Weg!“

„Aber eines verstehe ich nicht, Gurudschi. Ich denke, man soll beharrlich sein. Wenn etwas mal nicht klappt, kann ich doch nicht direkt alles hinwerfen. Manchmal muss man eben etwas wieder und wieder versuchen.“

„Ja, da hast du Recht. Hier, in diesem Fall, ist aber etwas anderes gemeint. Es ist nicht gemeint, etwas zu lernen, sondern es ist ein Problem gemeint, das immer und immer wieder auftaucht.

Taucht ein Problem immer und immer wieder in deinem Leben auf, dann will es dir etwas sagen bzw. dich auf etwas aufmerksam machen.

Wenn du beispielsweise ständig in finanzielle Engpässe gerätst, macht dich dieses

Problem vielleicht auf deine Mangelgedanken aufmerksam.

Sobald du aufmerksam bist, wirst du erkennen, was es dir sagen oder worauf es dich hinweisen möchte."

Jetzt begann ich zu verstehen.

„Wichtig ist, dass du erkennst, wann die Türen verschlossen sind, und wann eben nur ein paar Steine im Weg liegen. Sobald du aber in die Stille und die Ruhe gehst, wird dir das ganz leicht gelingen", setzte Gurudschi seine Erklärungen fort.

Wir erstanden eine Eistüte bei dem Eisverkäufer, der gerade an uns vorbeiging, und saßen eine Weile Eis schleckend und schweigend auf unserer Bank. So hatte ich Zeit, über Gurudschis Worte nachzudenken.

Nach einer Weile fuhr dieser mit seinen Erklärungen fort:

„Die anderen Probleme, das sind die Steine, die sich uns gelegentlich in den Weg stellen.

Hier ist es wichtig, dass du lernst, wie du mit diesen ‚Problemchen' umgehen kannst.

Erzähl mir etwas von Paul. Paul, dem Freund deiner Freundin Maria!“, forderte mich Gurudschi auf.

Ich dachte an Paul. „Paul regt sich über jede Kleinigkeit auf. Gestern ist sein Auto nicht angesprungen. Er hat sich wahnsinnig aufgeregt. Oder neulich hatte er Ärger im Betrieb, Maria und ich dachten, er bekäme einen Herzinfarkt vor Ärger und Wut.

Aber bei Paul ist das normal, der regt sich halt immer so auf. Das geht üblicherweise irgendwann wieder vorbei.“

„Nun, es gibt zwei Arten, mit einem Problem umzugehen. Die erste ist die, nennen wir sie einfach jetzt mal die Paul-Art: Du begegnest einem Problem und erschrickst zutiefst. Du denkst, die äußeren Umstände sind gegen dich und nimmst das Problem damit viel zu wichtig.

Du spürst negative Emotionen, wie Wut, Angst und Ärger in dir aufsteigen. Durch deinen Gefühlstumult bleibst du an dem Problem haften und bist zu einer sachlichen Lösung nicht imstande. Ein Choleriker wird ein

Problem während eines Wutanfalls nicht lösen können.

Die negativen Emotionen verbrauchen zudem noch unnötig viel Energie und schwächen dich.

Die andere, viel bessere Möglichkeit auf ein Problem zu reagieren, ist diese: Du erkennst ein Problem und betrachtest es. Nimm die Herausforderung gedanklich in die Hand und betrachte sie von allen Seiten. Will sie dich auf etwas aufmerksam machen? Wenn nicht, dann löse das Problem, schaffe es aus der Welt und gehe einfach weiter. Emotionen haben hier nichts zu suchen.

Liegt ein Stein auf deinem Weg, steige darüber oder räume ihn zur Seite, aber stell dich nicht auf ihn drauf und trampel auf ihm herum!

Der weise Mensch löst die Dinge aus seiner Mitte heraus.

Dann ist ein Problem nur ein Problem und kein Problem.

Erkenne, dass alles – egal was passiert – stets zu deinem Besten ist!“

Ich dachte an mein eigenes Leben.

Ab und zu konnte ich bei einem Hindernis, das sich mir in den Weg stellte, auch ganz schön ausflippen. Nun, das würde sich ab sofort ändern!

Und genau dies sollte, besser gesagt, durfte ich einige Tage später üben:

Ich stieg ins Auto und wollte zur Arbeit fahren.

Heute war ein sehr wichtiger Tag, wir hatten hohen Besuch aus China. Der Kontakt zu dieser chinesischen Textilfabrik war ein echter Glückstreffer. Ich fuhr los und beschloss, heute den Weg über die Autobahn zu nehmen, dann konnte ich zehn Minuten eher in der Firma sein. Gesagt, getan. Ich war keine zwei Kilometer gefahren, und schon stand ich im Stau. Doch das war kein gewöhnlicher Stau, wie sich herausstellte – Vollsperrung. Die Autobahn war komplett gesperrt, ein LKW mit einer klebrigen Ladung war umgekippt. Nun musste die Feuerwehr erst einmal die Fahrbahn reinigen. Ich wollte in der Firma anrufen und

Bescheid sagen, aber kein Empfang – mein Handy funktionierte nicht. Das konnte ja wohl nicht wahr sein! So ein Mist! Ich war so sauer auf mich. Warum war ich bloß nicht wie immer durch die Stadt gefahren?

Ich wurde nervöser und nervöser, und als mir vor Wut schon die ersten Tränen über die Wangen liefen, saß Gurudschi plötzlich neben mir auf dem Beifahrersitz.

„Ganz ruhig, Tara! Was hast du gestern gelernt?“, lächelte er mich an.

Ich riss mich zusammen:

„Dass ich, wenn ich ein Problem habe, nicht ausflippen, sondern es ruhig betrachten und dann lösen soll“, antwortete ich und fuhr mit meinen Reflektionen auch gleich fort: „Also gut, das Problem ist der Stau, weil ich nicht in die Firma komme.

Leider kann ich es nicht lösen und das macht mich fertig. Ich kann ja schlecht die anderen Autos aus dem Weg räumen. Also, was soll ich jetzt tun??“

„Nichts“, antwortete Gurudschi ruhig.

„Wie, nichts!“, fragte ich fassungslos.

„Du kannst in diesem Fall nichts tun, also tust du nichts. Betrachte die Situation und nimm sie, wie sie ist. Du darfst Folgendes nicht vergessen: Egal, was passiert, es ist zu deinem Besten!“

„Wie soll denn diese Situation zu meinem Besten sein? Es kann doch nicht gut sein, dass ich ausgerechnet heute nicht pünktlich in die Firma komme.“

„Tara! Es ist nicht immer alles so, wie es scheint. Oft steckt etwas ganz anderes dahinter. Etwas, das ihr Menschen nicht erkennen könnt, weil ihr an der Oberfläche verharrt. Du musst lernen, die Dinge hinter den Dingen zu sehen. Und wenn du nichts erkennen kannst, dann musst du lernen zu vertrauen. Vertraue darauf, dass alles – egal, was passiert – zu deinem Besten ist! Ich verspreche dir, dass es so ist.“

In dem Moment konnte ich in meiner Windschutzscheibe einen Film sehen. Es war, als hätte sich der Vorhang zu einem Theaterstück geöffnet:

Ich sah, wie ich über die Autobahn raste und plötzlich ein blaues Fahrzeug von rechts auf meine Spur drängte. Das andere Auto hatte mich nicht gesehen. Wir krachten zusammen, überschlugen uns mehrere Male. Andere Wagen fuhren in den Unfall hinein. Ich sah, wie ich schwer verletzt in den Krankenwagen geschoben wurde. Dann war das Stück zu Ende.

Augenblicklich erfasste mich tiefe Demut!

‚Hab Vertrauen', hatte Gurudschi gesagt. Hab Vertrauen, alles, was passiert, ist zu deinem Besten! Jetzt hatte ich endlich verstanden.

Es ist nicht immer alles so, wie es scheint. Es ist viel mehr.

Hinter den Dingen, die wir sehen, stecken viele geheimnisvolle, andere Wahrheiten. In manchen Situationen muss man sein Schicksal einfach annehmen in der Erkenntnis, dass es gut für einen ist.

Ich wollte gerade zu Gurudschi sprechen, da bemerkte ich, dass er gar nicht mehr neben mir saß. Er war genauso gegangen, wie er gekommen war. Aber er hatte einen Spruch auf der Ablage des Handschuhfaches hinterlassen:

Schau hinter die Kulissen,
dann wirst du das Göttliche –
den göttlichen Plan – erkennen.

Dieser Vorfall beschäftigte mich noch viele Tage.

Ach, was sage ich: Es war das Erlebnis, das mein Leben veränderte. Auf einmal wurde mir die ganze Tragweite von Gurudschis Worten bewusst.

Ich war etwas Göttlichem begegnet. Ich hatte ein göttliches Erlebnis gehabt.

Eigentlich war die ganze letzte Zeit solch ein Erlebnis. Seit Gurudschi in mein Leben getreten war, überschlugen sich die Ereignisse förmlich. Und je mehr ich mich von der Oberfläche entfernte, umso aufregender und spannender wurde alles um mich herum. Was gab es wohl noch alles zu entdecken? Welche Geheimnisse würde Gurudschi mir noch erklären? Warum hatte uns nie jemand davon erzählt? Warum leben wir an der Oberfläche und denken, das sei alles? Warum glauben wir nur, was wir sehen, und machen uns nicht die Mühe, hinter die Dinge zu schauen? Warum hatte uns niemand gesagt, welch Geheimnisse es zu ent-decken gibt?

Bei der nächsten Gelegenheit besuchte ich Gurudschi wieder auf seinem Floß. Diesmal hatte gerade das Fährboot am Steg angelegt, und in dem Moment, als ich es betrat, war ich schon auf dem Floß.

Endlich – genau dorthin hatte ich mich gesehnt, – für mich war dieser Ort der schönste, friedlichste, liebevollste Ort der Welt.

Ich sah Gurudschi an. Ich blickte in die Tiefe seiner himmlischen Augen. Unendliches Glück, Ruhe und Frieden strömten aus diesen Augen. Die Liebe strahlte aus seinen Augen direkt in meine Seele. Es war königlich, es war göttlich. Ja, Gurudschi war ein Heiliger, er war ein wirklicher Heiliger!

Wir blieben sitzen, und ich hatte das Gefühl in einer Quelle zu baden, in einer himmlischen Kraftquelle. In Gurudschis Gegenwart fühlte ich mich so maßlos glücklich. Das hier war inzwischen mein seelisches Zuhause geworden.

Bei ihm fühlte ich mich geliebt, verstanden, sicher und beschützt, – geleitet und doch frei.

Es war, als würde ich ihn schon immer kennen.

„Gurudschi, wo warst du eigentlich früher?“, fragte ich ihn. „Warum bist du erst jetzt in mein Leben getreten?“

„Vor langer Zeit haben wir etwas vereinbart, Tara. Du kannst dich nur nicht mehr daran erinnern. Wir haben ausgemacht, dass du mich rufst, wenn du mich brauchst.

Vorher durfte ich mich nicht in dein Leben einmischen. Erst als du mich um Hilfe gerufen hast, konnte ich in dein Leben treten.“

„Wie lange wirst du bleiben, Gurudschi?“

„Solange du mich brauchst. Hab Vertrauen, Tara!“

Er blickte mich liebevoll an.

An Abschied durfte ich gar nicht denken. Das würde mir das Herz zerreißen. Ein Leben ohne Gurudschi? Konnte und wollte ich mir nicht mehr vorstellen.

Gurudschi wollte mich wohl von meinen schwermütigen Gedanken befreien und reichte mir einen neuen Spruch:

„Lebe und handle aus deiner inneren Mitte heraus. Lass sie zur Quelle deines Seins und Tuns werden.“

Gurudschi schloss die Augen und schien augenblicklich tief versunken zu sein. Ich wusste inzwischen, dass er nicht gestört werden wollte, wenn er meditierte. Also folgte ich seinem Beispiel und begann auch, in die Stille und die Ruhe einzutauchen. In Gedanken besuchte ich meine Lichtung und ging über die Brücke in mein Zauberland. Ich setzte mich auf die Schaukel und saß einfach nur da. Es war schön.

Als ich nach einiger Zeit wieder die Augen öffnete, reichte Gurudschi mir eine Tasse Tee. Jedes Mal, wenn ich von meinem geistigen Rückzugsort zurückkehrte, fühlte ich mich wunderbar entspannt und gleichzeitig voller Energie.

„Kennst du den Begriff der inneren Mitte, Tara?“, fragte mich Gurudschi.

Ich dachte einen Moment nach.

„Ja, schon. Jemanden, der in seiner inneren Mitte lebt, kann so schnell nichts aus der Ruhe bringen."

„Das ist richtig, Tara. Aber hinter dem Begriff ‚innere Mitte' steckt noch viel mehr, eine tiefere Wahrheit. Ich werde sie dir erklären:

Die meisten Menschen denken heutzutage, dass bestimmte äußere Faktoren erfüllt sein oder stimmen müssen, damit sie innerlich zufrieden sein können. Denken wir mal an deinen Nachbarn Herrn Schmidt."

Ich dachte an Herrn Schmidt.

„Herr Schmidt braucht ein schönes Haus, ein schönes Auto, eine Familie, einen Beruf mit möglichst hohem Ansehen. Er rennt sein Leben lang, tagein, tagaus, hinter all diesen Dingen her und hofft, dass er, sobald er sie alle hat, zufrieden ist.

Denken wir nun an deine Freundin Sita. Sita möchte unbedingt einen Partner finden und ist fest davon überzeugt, dass sie, sobald sie in einer glücklichen Partnerschaft lebt, endlich glücklich sein wird. Daher ist sie ständig auf der Suche nach einem Partner und eher unglücklich, besser gesagt, unzufrieden.

Nehmen wir Maria aus deiner Firma. Maria glaubt, wenn sie erst einmal die richtige Wohnung gefunden hat, dann kann sie endlich in ihrer Mitte sein.

Fällt dir etwas auf, Tara?", fragt mich Gurudschi nun.

„Eigentlich sind alle drei im Moment unzufrieden", bemerkte ich.

„Ja, genau, sie denken, wenn ich erst einmal die neue Wohnung habe, den neuen Partner, wenn ich dieses oder jenes geschafft habe, dann werde ich ausgeglichen und in meiner Mitte sein können.

Das heißt:

Sobald alle äußeren Voraussetzungen erfüllt sind, werden sie in ihrer Mitte sein.

Sie gehen also aus ihrem Umfeld in ihre Mitte.

Und hier liegt der Irrtum. Ihr alle, und auch du, meine liebe Tara, müsst die Richtung ändern.

Ich müsst den Weg in die umgekehrte Richtung gehen!“

Gurudschi machte eine Pause und reichte mir ein großes Palmblatt.

„Betrachte dieses Blatt und denke an deine Freundin Sita!“, forderte mich Gurudschi auf.

Ich folgte seiner Anweisung. Und während ich an Sita dachte, erschienen Bilder auf dem Palmblatt.

Ich sah Sita, wie sie alleine zu Hause saß. Sie fühlte sich unglücklich und hing ihren – auf Mangel gerichteten – Gedanken nach. „Wenn ich endlich einen Partner hätte, dann wäre ich glücklich“, ging es ihr tagein, tagaus durch den Kopf.

„Alles, was mir zu meinem Glück fehlt, ist ein liebevoller Partner. Aber heute ist es so schwer, einen netten Partner zu finden. Das sieht man ja an den vielen Singles.“ Jetzt hatte sie schon überall Ausschau nach einem Partner gehalten und: nichts! Sita machte einen verzweifelten Eindruck.

„Erkennst du, was dahinter steckt, Tara?“ unterbrach Gurudschi meine Betrachtungen.

„Sita ruht offensichtlich nicht in ihrer Mitte und denkt: Sobald die äußeren Faktoren stimmen, werde ich in meiner Mitte sein. Solange bin ich eben unglücklich oder unzufrieden.“

Gurudschi reichte mir ein weiteres Palmblatt und forderte mich auf, es zu entschlüsseln.

Wieder erkannte ich Sita. Aber dieses Mal schien sie verändert zu sein. Sie lebte auch jetzt allein, aber sie machte keinen unglücklichen Eindruck. Sita ruhte in sich, sie war tief in ihrer Mitte verankert. Sita wusste, dass sie den passenden Partner finden würde, wann und wo auch immer. Sie wusste es. Sie war fest davon überzeugt.

Sita strahlte von innen heraus. Sie strahlte Frieden und Liebe aus.

„Und nun dreh das Blatt um, Tara!“, forderte mich Gurudschi auf.

Ich drehte es um, und nun sah ich Sita mit einem netten Partner. Beide machten einen sehr glücklichen Eindruck. Und Sita? Sie strahlte immer noch genauso von innen heraus.

„Erkennst du den Unterschied? Sita eins rennt hektisch herum und sucht geradezu verzweifelt einen Partner. Sie hat ihre Mitte verlassen. Sie ist unglücklich und strahlt dies und ihre innere Unruhe auch auf ihre Mitmenschen aus.

Sita zwei hingegen hat unendliches Vertrauen.

Diese Sita handelt aus der Liebe heraus und nicht aus der Suche nach dem Geliebt-Werden.

Der Weg von außen nach innen kann euch, und auch dich, Tara, auf Dauer nicht glücklich machen. Um das richtige Glück zu finden, solltest du die Richtung ändern.

Verankere dich in deiner Mitte und gehe dann hinaus in dein Umfeld. Das ist sehr wichtig. Hast du das verstanden, Tara?“

„Im Prinzip schon. Ich stelle es mir nur im Alltag ziemlich schwierig vor“, antwortete ich.

„Es ist nicht schwierig, Tara. Es ist viel leichter als das, was ihr im Moment tut.

Im Moment bist du wie ein Fähnlein im Wind. Du wirst von den Stürmen des Lebens hin und her geworfen, und schon eine leichte Brise kann dich zum Schwanken bringen.

Auf diese Art wirst du letztlich nie wirklich in deiner Mitte verweilen, weil irgendetwas in deinem Leben immer gerade nicht stimmt. So wirst du lange warten, bis du in deiner inneren Mitte ankommst.

Du bist ein Spielball des Lebens. Es macht mit dir, was es will. Doch vergiss nicht, Tara:

Du bist der Schöpfer! Du gestaltest dein Leben! Aber das kannst du nur, wenn du aus deiner Mitte heraus handelst.

Ein Leben aus deiner Mitte heraus ist viel, viel leichter zu führen als dein jetziges Leben, und viel, viel schöner noch dazu!!!

Stell dir vor, deine innere Mitte ist dein Zuhause – ist sie übrigens auch. Von diesem Ort aus handelst du. Von hier aus betrittst du dein Umfeld.

Sobald du so handelst, bist du authentisch! Dann bist du kein Opfer, dann bist du Schöpfer!

Lebst du aus deiner Mitte heraus, wirst du erstrahlen wie ein Diamant.

Bleibe stets in deiner Mitte, in der tiefen Gewissheit und dem göttlichen Vertrauen, dass alles zu deinem Besten geschieht und dass das Gute, das du dir wünschst, zu dir kommen wird. Sei dir da ganz sicher!“

Gurudschi reichte mir eine weitere Tasse Tee, und ich dachte in Ruhe über seine Worte nach.

Das fühlte sich gut an: Die innere Mitte ist mein wahres Zuhause. Von hier aus soll ich mein Leben gestalten.

Das fühlte sich richtig an. Denn, wie Gurudschi es genannt hatte, von den Winden des Lebens hin und her geworfen zu werden wie ein Ball, wie ein willenloser, schwacher Ball – nein, das konnte nicht der Sinn des Lebens sein.

Gurudschi fand offenbar Gefallen an meinen Gedankengängen, denn er strahlte mich voller Wohlwollen, Liebe und Frieden an. Er leuchtete wahrlich wie ein Diamant.

Ja, ich wollte auch von innen heraus leuchten. Ich wollte aus mir selbst heraus leuchten, aus meinem eigenen Innersten heraus. Die meisten Menschen strahlen nur, wenn sie Bestätigung und Lob bekommen, wenn sie also in einem Bereich ihres Lebens

Erfolg haben. Sie strahlen, wenn ein äußerer Umstand sie dazu bringt. Sobald das nicht mehr der Fall ist, erlischt das Strahlen. Ein Strahlen aus dem Inneren hingegen kann nicht durch äußere Umstände gelöscht werden.

Jetzt hatte ich ein schönes Ziel: Ich wollte ein Diamant werden!

„Alles, was du dafür brauchst, Tara, ist Vertrauen. Hab stets Vertrauen!

Du musst wissen, dass du nie alleine bist. Du bekommst Hilfe und Unterstützung, wann immer du möchtest. Wirst du zu einem Diamanten, liebe Tara, wirst du zu einer Kraftquelle für die Welt, für die Menschen."

Mit diesen Worten überreichte mir Gurudschi feierlich ein weiteres Palmblatt:

„Dieses Palmblatt wartet schon sehr lange auf dich, Tara."

Dankbar nahm ich es entgegen:

Kommst du aus dem Glücklichsein,
tust du Dinge, weil du glücklich bist,
nicht, weil du glücklich werden willst.

Kommst du aus der Weisheit,
tust du Dinge, weil du weise bist,
nicht, weil du weise werden willst.

Kommst du aus der Liebe,
tust du Dinge, weil du liebst,
nicht, um Liebe zu bekommen.

Kapitel V

Ich musste einige Tage geschäftlich nach London.

London war, salopp ausgedrückt, „einfach mega angesagt“, und jeder, der mit Mode zu tun hatte, musste hin und wieder nach London, um zu sehen, wohin der neue Trend ging. So fuhr auch ich zweimal im Jahr dorthin. Und nun war es mal wieder so weit.

Normalerweise begleitete mich Anna, meine Assistentin, aber sie konnte dieses Mal nicht mitkommen. Und so landete ich eines Morgens sehr früh auf dem Londoner Flughafen Heathrow, wo mich ein Mitarbeiter unserer Agentur abholen sollte, mit der wir seit einiger Zeit eng zusammenarbeiteten.

Als ich aus dem Gate kam, war weit und breit niemand zu sehen. Ich wartete und wartete, aber es kam niemand von der Agentur. Was sollte ich jetzt tun? Warten – oder lieber ein Taxi nehmen? Ich beschloss, ruhig zu bleiben und setzte mich erst einmal auf eine Bank, um in Ruhe zu überlegen. Und genau in diesem Augenblick kam der Mitarbeiter der Agentur angeeilt. Gut, dass ich gelernt hatte, Ruhe zu bewahren.

Als Erstes fuhren wir zum Hotel, und schon gab es den nächsten Ärger. Es lag keine Reservierung auf meinen Namen vor. Ich redete auf die Dame an der Rezeption ein, aber das Hotel war die nächsten Tage komplett belegt.

Normalerweise wäre ich schon an der Decke gewesen vor Wut, aber ich versuchte, in meiner Mitte zu bleiben.

Okay, meine Mitte war mein Zuhause, und von hier aus ging ich in mein Umfeld. Ich blieb also glücklich, ich würde schon ein Hotelzimmer in London finden.

Wir klapperten einige Hotels ab, aber alle waren ausgebucht. Im Moment war Hochbetrieb in London.

Ich ließ mich jedoch nicht aus der Ruhe bringen. „Bleib in deiner Mitte und habe Vertrauen!“, hatte Gurudschi gesagt.

Also beschloss ich, erst einmal in die Agentur zu fahren und mit der Arbeit zu beginnen.

Aber auch dort lief alles drunter und drüber. Am Morgen hatte es einen Wasserrohrbruch gegeben, und so stand ich nur im Weg herum. Gut, dann würde ich eben alleine in die Stadt fahren und in den Szeneläden, die für meinen Job wichtig waren, bummeln. Anschließend fuhr ich zum Covent Garden zum Lunch. Alles war überfüllt, und ich bekam keinen Platz.

Heute war ja wirklich ein heftiger Tag! Schien mein absoluter Glückstag zu sein!

Aber – und das war die „neue Tara“: Es war, wie es war. Ich akzeptierte meine Situation und ließ mich nicht mehr von den Launen des Lebens herumwirbeln.

Ich kaufte mir ein Sandwich und ging in den nächstgelegenen Park, einer dieser Londoner Parks mit diesem typisch gepflegten, englischen Rasen.

Dort gab es einen großen runden Brunnen mit prächtigen Wasserspielen, um den sich Leute gruppiert hatten und die Mittagssonne genossen. Ich suchte mir ein freies Plätzchen und begann, mein Mittagessen, ein Sandwich, zu verzehren.

Nach einigen Minuten standen die jungen Leute neben mir auf und gingen, und es dauerte nicht lange, bis sich jemand dorthin setzte.

Wie in Zeitlupe sah ich einen Traummann, meinen Traummann, auf mich zukommen: Groß und dunkelhaarig, athletischer Gang – und das schönste Gesicht, das man sich denken kann...

Herzrasen! Er setzte sich neben mich, und lächelte mich an, aber ich konnte mich nicht rühren.

Auch er biss in ein Sandwich. Nachdem ich mich etwas beruhigt hatte, faltete ich meinen Stadtplan aus, – und sofort sprach er mich an. So kamen wir ins Gespräch. Sein Name war Raj. Wir verstanden uns von der ersten Minute an. Und da er gerade Zeit hatte, bot er mir an, mir noch etwas die Stadt zu zeigen.

Wir verbrachten einen wunderwunderschönen Nachmittag, an dem er mir Ecken und Viertel zeigte, die ich noch nie gesehen hatte. Und ein wunderschönes Hotelzimmer zu einem günstigen Preis fand ich auch noch – ein echter Geheimtipp.

Raj und ich aßen zusammen zu Abend. Es war sehr romantisch, weil wir uns so wahnsinnig gut verstanden und es von Anfang an ein sehr, sehr vertrautes Gefühl zwischen uns gab. Das war beinahe schon unheimlich. Wir beide fühlten uns so zueinander hingezogen, als würden wir uns schon ewig kennen, ja, beinahe als wären wir Seelenverwandte.

Als ich später in meinem Hotelbett lag, dachte ich noch einmal über diesen ungewöhnlichen Tag nach.

Wenn ich nicht ‚zufällig' zu dieser Zeit an diesem Brunnen gesessen hätte, hätte ich Raj vielleicht nie kennen gelernt.

Hätte sich der Fahrer nicht verspätet, wäre vielleicht doch noch ein Zimmer im Hotel frei gewesen; hätte es keinen Rohrbruch in der Agentur gegeben, hätte ich einen Platz in einem Restaurant bekommen – der ganze Tag wäre anders verlaufen

Mir gingen die ganze Zeit Gurudschis Worte durch den Kopf: „Hab' Vertrauen, mein Kind, bleibe in deiner Mitte und habe Vertrauen! Alles ist zu deinem Besten."

Heute Morgen, als dieser Wasserrohrbruch in der Agentur passierte, konnte ich mir beim besten Willen nicht vorstellen, wie das alles zu meinem Besten sein sollte.

Und nun kannte ich Raj...

Auch am nächsten Tag trafen Raj und ich uns. Gleich nach meiner Arbeit in der Agentur holte er mich ab und zeigte mir sein London, – ein London fernab der Touristenströme.

Schließlich kamen wir in ein höchst interessantes Viertel.

Raj und ich gingen durch faszinierende Gassen und Straßen. Die Atmosphäre nahm mich total gefangen. Die Menschen waren farbenfroh gekleidet, in wunderschöne Stoffe gehüllt. In den Gassen lag ein Duft nach Safran, Zimt, Ingwer und vielen anderen Gewürzen.

Curry
Safran
Ingwer
Cardamom

An einem dieser farbenfrohen Gewürzstände blieb Raj stehen. Er unterhielt sich mit dem Laden-inhaber und nahm mich schließlich mit hinein. Auch hier gab es tausende von Gewürze. Überall standen Kupferbehälter mit den verschiedensten Gewürzen: Safran, Paprika, Curry – eine wahre Farbenpracht. In der Mitte des Verkaufsraums stand eine alte Messingwaage. Und der Duft: einfach betörend, wie im Orient.

Raj wollte mir etwas zeigen. Wir gingen in den hinteren Teil des Ladens, schoben einen Vorhang zur Seite und waren in einem kleinen sonnigen Raum. An der Wand gegenüber stand ein großes Regal, in dem unzählige getrocknete Blätter gelagert waren. Davor hockten zwei Männer auf dem Boden.

Ein älterer und ein jüngerer.

Sie begrüßten uns freundlich, und Raj gab mir eine kurze Erklärung.

„Weißt du, was das hier ist?“, fragte er mich.

Nein, keine Ahnung.

„Das hier ist die einzige Palmblattbibliothek in England.

Eigentlich gibt es solche Bibliotheken nur in Indien. Aber diese hier ist eine Geheimtipp.“

„Was ist eine Palmblattbibliothek, Raj?“, fragte ich erstaunt. Ich hatte noch nie davon gehört.

„In einer Palmblattbibliothek kannst du alles über dein Leben erfahren. Das Leben eines jeden Menschen auf der Welt ist auf einem Blatt beschrieben. Allerdings gibt es nur wenige Menschen, die diese Blätter lesen können, und das geheime Wissen wird nur innerhalb einer Familie weitergegeben.“

Ich bekam eine Gänsehaut. Das hörte sich ja spannend an!

„Wie kann es denn für jeden Menschen auf der Welt ein eigenes Blatt geben?

Hier liegen doch gar nicht so viele.“

„So genau weiß ich das auch nicht, ich gehöre leider nicht solch einer Familie an“, antwortete Raj, „aber warte mal!“

Wir ließen uns auf dem Boden gegenüber den beiden Männern nieder. Der Ältere fragte mich nach meinem Geburtsdatum und flüsterte dem Jüngeren etwas zu.

Dieser stand auf, ging zum Regal, holte ein getrocknetes Palmblatt heraus und gab es dem Älteren.

Der alte Mann hielt einen Moment inne und begann dann vorzulesen:

„Du wurdest in Deutschland, in Köln geboren, deine Eltern..."

Der alte Mann erzählte mir alles aus meinem bisherigen Leben. Anscheinend fand er jedes Detail auf dem Blatt. Er erzählte mir, welche Momente aus der Kindheit wichtig für mich waren. Er wusste, welchen Beruf ich ausübte, warum ich jetzt in London war und dass ich Raj gestern hier kennengelernt hatte.

Er wusste, welche Stärken und Schwächen ich hatte. Und er sagte, ich sei gerade dabei herauszufinden, welches meine Lebensaufgabe sei, und Raj würde eine Rolle dabei spielen.

Nun war ich natürlich noch neugieriger, aber mehr sagte er dazu nicht. Und auch, als ich mehr über meine Zukunft erfahren wollte, äußerte sich der alte Mann nicht. Er verriet nur noch: „Ein Mann auf einem Floß wird dir alles weitere, was du wissen musst, beibringen."

Das war ja atemberaubend!

Als wir wieder draußen auf der Straße standen, hatte ich Herzklopfen.

Raj freute sich, denn als er zum ersten Mal hier gewesen war, war es ihm ähnlich ergangen. Er erzählte mir noch einiges über die Palmblattbibliotheken. Das war ja wirklich eine unglaubliche Sache!

Leider musste ich schon früh am nächsten Morgen nach Deutschland zurückfliegen.

Raj versprach, schnell nachzukommen. Ich wusste, dass ich mich auf ihn verlassen konnte, und freute mich schon jetzt riesig auf unser Wiedersehen.

In der Firma gab es viel zu tun, und im Nu waren drei Tage vergangen.

In der Mittagspause aß ich wie so oft in meinem Lieblingsbistro. Heute war es besonders voll hier, aber ich hatte Glück und ergatterte einen Tisch.

Kurz nachdem ich bestellt hatte, setzte sich eine junge Frau zu mir an den Tisch, – eine sympathische Erscheinung. Und sie fiel auf, weil sie strahlte. Sie war sehr aufgeschlossen, und so kamen wir schnell ins Gespräch.

Dabei erzählte sie, dass sie erst letzte Woche von einer großen Reise zurückgekehrt sei. Sechs Monate war sie quer durch Indien gereist und hatte davon drei Monate in einem Ashram, einer Einsiedelei, gelebt. Sie sagte sie nenne sich nun Shakti, und so solle ich sie auch nennen. Sie schilderte das Leben im Ashram, ihre Erlebnisse und Eindrücke in den schillerndsten Farben. Es musste traumhaft schön gewesen sein.

Sie erzählte und erzählte, und schließlich auch, dass sie am Ende ihrer Reise eine Palmblattbibliothek besucht habe. Mir stockte der Atem. Bis vor wenigen Tagen hatte ich nicht einmal gewusst, was das war, – und nun hörte ich gleich zweimal in so kurzer Zeit davon.

Ich erzählte ihr von meinem Besuch in London und meiner Palmblattbibliothek.

Sie war gar nicht verwundert, sondern meinte nur: „Ach, dann bist du das“, kramte in ihrer Handtasche und gab mir einen Zettel.

Erstaunt nahm ich ihn und las:

Jeder von uns besitzt eine ihm eigene Natur,
der er folgen muss und durch die er den Weg
zur Befreiung finden wird.

Swami Vivekananda

„Warum hast du mir diesen Spruch gegeben?“, fragte ich Shakti verwundert.

„Ach, den hat mir eine ältere Frau in einem orangefarbenen Sari gegeben, als ich in dieser Palmblattbibliothek war. Sie hat am Ausgang auf mich gewartet und mir dieses Schriftstück in die Hand gedrückt, mit den Worten:

„Gib diesen Spruch einer jungen Frau in Deutschland, die gerade auch eine Palmblattbibliothek besucht hat. Du wirst ihr schon bald begegnen.“ Danach war die Inderin gleich verschwunden. Ich habe mir gar nicht viel dabei gedacht und den Zettel fast schon vergessen. Aber jetzt scheint er ja tatsächlich an die richtige Adresse gelangt zu sein.

Ist schon verrückt, oder? Aber eigentlich wundert mich gar nichts mehr“, verkündete Shakti.

Wir tauschten Telefonnummern aus und versprachen, uns bald wiederzusehen.

Ich ging zurück in die Firma, aber ich konnte mich einfach nicht mehr konzentrieren.

Es hatte keinen Zweck. Ich wollte, nein, ich musste zu Gurudschi.

Also besuchte ich ihn auf seinem Floß. Seit meinem letzten Besuch war so viel geschehen und ich hatte so viel zu erzählen: von London, Raj, der Palmblattbibliothek, Shakti...

Gurudschi merkte meine innerliche Aufgewühltheit sofort und schloss erst einmal die Augen. Ich verstand. Ich sollte in die Ruhe und die Stille gehen und mich beruhigen. Und genau das tat ich dann auch.

„Du hast sehr große Fortschritte gemacht, liebste Tara.

Es macht viel Freude, mit dir zusammenzuarbeiten“, lobte mich Gurudschi.

„Gurudschi, ich muss dich unbedingt was fragen“, platzte ich heraus. „Dass der alte Mann aus der Palmblattbibliothek alles über mich wusste und gesagt hat, dass du mir alles, was ich wissen muss, sagen würdest, kann ich zwar nicht verstehen, aber es passt zu den Geschehnissen der letzten Zeit. Aber dass eine ältere Frau in Indien Shakti einen Spruch für mich mitgibt, obwohl ich doch noch nie dort war, das kann ich nun nicht begreifen. Bitte, Gurudschi, erklär es mir!“

Gurudschi schaute mich gütig lächelnd an.

„Alles hängt mit allem zusammen. Alles ist miteinander verbunden.

Mehr dazu werde ich dir später beibringen. Alles hat seine Zeit“, beruhigte er mich.

„Lass uns über dich sprechen, Tara!“, fuhr er fort. „Lass uns über deine Einzigartigkeit und damit die Einzigartigkeit eines jeden Menschen sprechen!“

Er reichte mir einen Zettel:

Jeder ist einzigartig.
Vergleiche dich nicht mit anderen,
damit du nicht Gottes Plan
durcheinanderbringst.

(Baal Shem Tor)

Das war ja ein tiefsinniger Spruch!

„Ein großes Problem bei den Menschen ist das ständige Vergleichen und Bewerten“, begann Gurudschi seine Erklärungen.

„Ihr vergleicht ständig, was ihr seid, mit dem, was ihr sein sollt. Das ständige Vergleichen mit Dingen und anderen Menschen ist eine der Hauptursachen für Konflikte. Der andere ist reicher, fährt das größere Auto, ist schlanker oder was auch immer. Vergleichen macht unglücklich.

Vergleiche dich nicht mit anderen, damit du nicht Gottes Plan durcheinanderbringst!

Du sollst niemand anderes sein als du selbst!

Wenn du dich nicht mehr mit anderen vergleichst, kannst du endlich sein, wer du bist. Ein Beispiel:

Nimm einmal an, du wärest eine Rose, eine blühende Rose in einem farbenprächtigen Garten. Zuerst bist du glücklich, eine Rose zu sein. Aber nach einiger Zeit beginnst du, die anderen Pflanzen im Garten genauer zu betrachten, und irgendwann genügt es dir nicht mehr, eine Rose zu sein. Eigentlich wärest du viel lieber eine der Seerosen auf dem Teich. Die Seerosen haben viel größere Blüten und leben auf dem Wasser.

Und du, normale Rose, stehst dein ganzes Leben lang an dieser einen Stelle und hast auch noch jede Menge Dornen.

Aber eine Rose ist eine Rose. Sie schenkt der Erde Schönheit genau so, wie sie ist. Sie muss einfach nur sie selbst sein, nichts weiter. Sie muss sich nicht verrenken und versuchen, ein Baum oder eine Tulpe zu sein. Sie soll sein, was sie ist."

Gurudschi griff in die Luft und hielt auf einmal eine gelbe Rose in der Hand. Er gab sie mir.

Wo um Himmels willen kam denn jetzt die Rose her? Ich war, mal wieder, verdutzt.

Ich hatte Gurudschi doch die ganze Zeit angeschaut, ich hing ja buchstäblich an seinen Lippen.

Aber hier auf dem Floß gab es keine Rosen, und auch jetzt konnte ich keine anderen Rosen sehen. Was war das denn schon wieder für ein Zaubertrick?

„Schau dir die Rose genauer an, Tara!"

Es war eine leuchtend gelbe Rose mit einer sehr großen Blüte. Und erst jetzt sah ich, dass in den Blütenblättern etwas geschrieben stand:

Ein Mensch ist nicht ein anderer Mensch.
Wer ist er also? Er ist einzigartig."

(Swami Prajnanpad)

„Jeder Mensch, liebste Tara, hat seine eigene Landkarte, seinen eigenen Plan. Dieser Plan ist nur für ihn gültig.

Dein Plan ist also nur für dich gültig.

Du solltest niemals versuchen, dem Weg eines anderen zu folgen, denn es ist sein Weg und nicht dein Weg!

Dein Weg ist der beste für dich, aber er ist nicht unbedingt der beste für einen anderen Menschen.

Nimm diesen Zettel mit für dein Büchlein!", und er reichte mir einen weiteren Spruch:

Dein Weg ist sehr gut für dich, aber nicht für mich.
Mein Weg ist gut für mich, aber nicht für dich.

(Swami Vivekananda)

Sofort dachte ich an Raj. War mein Weg vielleicht nicht gut für ihn, oder sein Weg nicht gut für mich?

„Hier ist nicht nur das Leben zwischen Mann und Frau gemeint, liebe Tara, sondern auch zwischen Eltern und Kindern, Geschwistern, anderen Familienmitgliedern, zwischen Freunden, Nachbarn, Kollegen, eben zwischen allen Menschen.

Aber sei beruhigt: Raj und du, ihr habt euch schon vor langer Zeit für hier verabredet! Ihr habt einen ähnlichen Plan.

Jeder Mensch hat ein Dharma, Tara.

Dharma ist die Aufgabe, die du mitgebracht hast, deine Lebensaufgabe. Es ist der Beitrag, den du der Welt zu geben hast.

Wenn du im Dharma bist, liebst du dein Leben, deine Arbeit, deine Mitmenschen.

Den eigenen Sinn im Leben, also deine Lebensaufgabe zu finden ist nicht so schwer, wie es scheint.

Es gibt ein schönes Sprichwort, das den Weg in die richtige Richtung weist:

Wo deine Gaben liegen, da liegen deine Aufgaben.

Und genauso ist es auch.

Dinge, die du – wenn du frei bist von jedweder Fremdbestimmung – gerne tust, führen dich zu deiner Lebensaufgabe.

Sie zeigen dir, was du dir für dieses Leben vorgenommen hast und wo dein Platz ist – dein persönlicher Platz, den du mit keinem anderen vergleichen kannst.

Deine einzige Verpflichtung besteht darin, diesen persönlichen Lebensplan zu erfüllen."

Ich überlegte eine Weile. Welches war wohl meine Lebensaufgabe? Darüber hatte ich noch nie ernsthaft nachgedacht. Gurudschi hatte gerade gesagt:

Wo deine Gaben liegen, da liegen auch deine Aufgaben.

Welche Gaben und Talente hatte ich?

Mir fielen zuerst einmal Dinge ein, die ich nicht so gut konnte.

Und sofort schaltete sich Gurudschi wieder in meinen Gedankenablauf ein:

„Denk nicht an deine Schwächen, Tara! Beschäftigst du dich mit deinen Schwächen, konzentrierst du dich auf die Dinge, die dich stören. Damit konzentrierst du dich auf den Mangel.

Denke stattdessen an deine Stärken! An die Dinge, die du besonders gut kannst und besonders gerne tust. Jeder Mensch macht bestimmte Dinge besonders gut und besonders gerne. Diese Dinge sind deine Wegweiser.

Also, meine liebe Tara, beachte nicht deine Schwächen, sondern konzentriere dich auf deine Stärken!"

Gurudschis Worte machten mir Mut. Ich spürte sofort die positive, aufbauende Energie, die allein von dem Wort ‚Stärken' ausging.

Welche Stärken hatte ich?

Ich konnte gut organisieren. Ja, das konnte ich wirklich gut. Ich war gerne mit Menschen zusammen, und viele von ihnen suchten Rat bei mir. Ich hatte eine Antenne für spirituelle Dinge...

„Genau, so ist es richtig, Tara. Genau das ist der Weg, den du gehen musst, um deine Lebensaufgabe zu entdecken. Vergiss nicht: Du kennst deine Lebensaufgabe bereits seit langer, langer Zeit. Sie steckt in deinem Inneren, sie ist nur mit der Zeit verschüttet worden, und du musst, nein du darfst, sie nun entdecken!

Wollen wir noch einmal eine Reise machen? Hast du Lust, Tara?“

Und ob ich Lust dazu hatte!

Ich reichte Gurudschi meine Hand und los ging’s...

Kapitel VI

Es war heiß. Die Sonne brannte auf die Erde. Gurudschi und ich befanden uns in einem Anwesen mit einem gepflegten Innenhof, von dort gingen wir in das Haus hinein. Im Inneren waren viele Leute, die überwiegend in Hellgelb gekleidet waren: eine Hose und darüber ein langes Hemd, eine Art Tunika. Alle waren beschäftigt, und trotzdem herrschte eine angenehme Ruhe.

Einige von ihnen bereiteten Essen zu, andere reinigten den Boden, und wieder andere schrieben in Bücher. Jeder schien einer bestimmten Aufgabe nachzugehen. Hier im Haus war die Temperatur etwas angenehmer, nicht ganz so heiß wie draußen. Das lag an den Ventilatoren, die sich leise surrend an den Decken drehten.

Wir durchquerten die Eingangshalle und gelangten schließlich in einen weiteren Raum.

Es war ein ziemlich großes Zimmer, vor den Fenstern hingen Gardinen aus weißem

Nesselstoff. Hier gab es keine Möbel, nur große, mit orientalischen Mustern bestickte Kissen auf dem Boden neben einem kleinen Holztisch.

Auf einem der Kissen saß ein älterer Mann. Er meditierte und schien völlig versunken.

Um ihn herum konnte man eine Aura aus gleißend weißem Licht wahrnehmen. Der ganze Raum wurde erhellt durch ihn allein.

Irritiert sah ich Gurudschi an, aber er bedeutete mir, still zu sein und mich zu setzen.

Das taten wir und warteten.

Es dauerte eine ziemlich lange Zeit, jedenfalls kam es mir so vor, bis der Mann seine Meditation beendete.

Er strahlte uns an und begann, mit Gurudschi zu sprechen, – in einer indischen Sprache, ich jedenfalls verstand kein Wort. Sie lachten und schienen recht fröhlich zu sein. Schließlich fiel Gurudschi wohl wieder ein, dass ich ja auch noch da war. Gurudschi und der ältere Mann begannen jetzt sofort Deutsch mit mir zu reden.

Gurudschi stellte mir den Mann vor: Es war Guru Nana.

Guru Nana war früher einmal Gurudschis Lehrer gewesen, als dieser lange Zeit als Schüler in diesem Ashram gelebt und gelernt hatte. Gurudschi bewunderte Guru Nana, und ich spürte eine starke Verbundenheit zwischen den beiden.

„Guru Nana ist den Weg mit mir gegangen, den wir beide nun gemeinsam gehen“, erklärte mir Gurudschi.

„Ihr habt bestimmt großen Hunger, ihr zwei?“, fragte uns Guru Nana, „schließlich hattet ihr eine weite Reise von Deutschland bis nach Indien“, er lachte und zwinkerte mir zu.

Die Reise hatte zwar irgendwie nur eine Sekunde gedauert oder noch kürzer, aber es stimmte: Ich hatte Hunger.

Und dann fühlte ich mich wie in einem Märchen aus ‚Tausend und einer Nacht';

Guru Nana klatschte dreimal in die Hände und... plötzlich lag vor uns eine große Decke, auf der viele Schüsseln mit duftenden Köstlichkeiten standen. Chapatis (indisches Fladenbrot) lagen dort, verschiedene Currygerichte, eine phantastische Auswahl an verschiedenen Gemüsen und Früchten.

Es sah aus wie im Schlaraffenland.

Ich war fassungslos, absolut fassungslos. Das war ja wie in dem Märchen ‚Tischlein deck dich'.

Guru Nana lachte mich an: „Sei mein Gast, Tara! Greif zu, und lass es dir schmecken!"

„Woher kommt denn jetzt das ganze Essen?", fragte ich, immer noch verwirrt.

„Ich werde es dir später erklären, Tara", antwortete Gurudschi, „Jetzt lass uns zuerst die Speisen genießen!"

Diese Mahlzeit war wirklich köstlich. Das Obst schmeckte hier ganz anders, nicht so wässerig wie bei uns zu Hause das Obst aus dem Supermarkt. Dieses hier war wunderbar saftig und voll intensivem Geschmack. Ich genoss es sehr.

Nach dem Essen traten Gurudschi und ich in den Innenhof hinaus. In der Mitte stand ein kleiner Brunnen. Wir setzten uns auf eine Bank daneben.

„Gurudschi, bitte erkläre mir, woher das Essen eben gekommen ist. Kann Guru Nana zaubern?“

„Guru Nana hat materialisiert. Er kann Gegenständen eine Form geben.“

„Das verstehe ich nicht, Gurudschi. Wie kann man denn aus dem Nichts Gegenständen eine Form geben?“, fragte ich erstaunt zurück.

„Nun gut, ich will dir eine Geschichte erzählen:

Vor langer Zeit, als ich ein junger Mann war, wusste ich nicht, welchen Weg ich im Leben gehen sollte. Ich war hin und her gerissen zwischen dem spirituellen Weg und dem weltlichen Weg. Zu dieser Zeit war ich an der Uni und studierte Wirtschaftswissenschaften. Meine Noten waren hervorragend und ich hatte eine hoffnungsvolle Karriere vor mir. Aber da war noch eine andere Seite in mir, die nach Erfüllung verlangte: Meine spirituelle. Meine Mutter hatte mit mir immer viel über Spiritualität gesprochen und mir oft von ihrer Begegnung mit Guru Nana erzählt. In Mutters Zimmer hing ein Bild von ihm, das sie sehr liebte.

Mit der Zeit verdrängte ich dieses spirituelle Gefühl mehr und mehr und tauchte tiefer ein in das weltliche Leben.

Ich lebte und lebte, und als ich gerade die spirituelle Seite erfolgreich aus meinem Leben verdrängt hatte, passierte etwas, das alles verändern sollte:

Auf dem Weg zur Uni musste ich immer hier an diesem Grundstück mit diesem Haus vorbeigehen. Damals war es ein heruntergekommenes Haus, um das sich allem Anschein nach schon länger niemand gekümmert hatte.

Von einem Tag auf den anderen war jedoch plötzlich alles anders: Das Haus war frisch gestrichen und renoviert und voller Leben. Es war wirklich alles an einem einzigen Tag geschehen.

Ich wollte meinen Augen nicht trauen: Wie konnte das nur sein? Was war geschehen?

Nach einigen Tagen schließlich konnte ich meine Neugier nicht mehr halten und betrat das Haus.

Und genau hier an diesem Brunnen stand damals Guru Nana. Er lächelte mir freundlich zu, und ich trat näher.

‚Willkommen, Rao', sagte er fröhlich. ‚Rao' war mein Name damals. Ich war sehr verwundert, dass der Fremde mich kannte. Wahrscheinlich habe ich genauso verdutzt dreingeschaut wie du, Tara, als du zum ersten Mal das Floß betreten hast.

‚Wie geht es deiner Mutter, Rao?', begrüßte mich der Mann. Jetzt erkannte ich ihn. Es war Guru Nana. Es war derselbe Mann, der auf dem Bild meiner Mutter abgebildet gewesen war.

Ich war damals tief beeindruckt.

Von nun an kam ich oft hierher. Guru Nana brachte mir viel bei. Doch war ich mir anfangs noch nicht im Klaren darüber, welchen Weg ich im Leben gehen sollte. Noch waren mir materielle Dinge sehr wichtig.

Eines Tages saßen Guru Nana und ich uns gegenüber, und er meinte: ‚Rao, die Zeit ist noch nicht reif für dich. Du musst noch eine Weile in der materiellen Welt leben.' Guru Nana griff in die Luft und hielt einen edlen

Anzug in der Hand. Er hatte ihn aus dem Nichts gegriffen!

‚Neulich standest du vor dem Schaufenster des Uhrengeschäftes, Rao. Welche Uhr hat dir gut gefallen?' Verwundert über die Frage, antwortete ich, dass mir die große goldene Uhr am besten gefallen hatte. Und wieder griff Guru Nana in die Luft und überreichte mir genau diese goldene Uhr. Zum Schluss gab er mir noch einen Autoschlüssel und meinte: ‚Du kannst jederzeit zu mir kommen, wenn du noch etwas brauchst.

Vor dem Haus steht eine Auto für dich', sagte er weiter, lächelte mir zu und versank dann in Meditation.

Verwundert, aber auch glücklich über meinen teuren, neuen Anzug und die tolle, goldene Uhr trat ich vor das Haus. Dort stand ein nagelneues, schickes Auto!

Mein Herz hüpfte vor Freude, und ich stürzte mich ins Leben.

Manchmal besuchte ich Guru Nana. Er war immer sehr freundlich zu mir und machte mir noch weitere Geschenke.

Nach einiger Zeit wurde mir jedoch bewusst, dass der Reiz des Neuen immer schneller nachließ.

Nach der Fülle kam die Leere. Und wieder war ich auf der Suche nach dem Neuen, nach dem ‚Kick', wie ihr heute sagt. Und da begriff ich:

Das Glück liegt nicht im Materiellen, nicht in der äußeren Welt. Das Glück kannst du nur in dir selbst finden.

Auf einmal erkannte ich, dass ich dem falschen Gott hinterhergerannt war, das Materielle angebetet hatte. Aber die materielle Welt ist nichts als Maya. Es ist eine Illusion, die dich davon abhält, das echte göttliche Glück zu erkennen.

Damit ich das aber erkennen konnte, hatte Guru Nana mir alles geschenkt, was ich haben wollte, und manchmal noch viel mehr.

Guru Nana hatte die Dinge materialisiert. Er kann jedem Gegenstand eine Form geben. Einen Gedanken in Material kleiden.

Auf diese eindrucksvolle Art machte er mir deutlich, dass ich beinahe dem falschen Weg gefolgt wäre.

Von da an verbrachte ich die meiste Zeit hier im Ashram. Ich blieb viele Jahre hier, und manchmal komme ich ja auch jetzt noch zu Besuch, so wie heute.

Im Laufe der Zeit fand ich dann meine persönliche, wahre Lebensaufgabe und folgte ihr – auch ich wurde ein Lehrer, ein Guru für meine Schüler."

Gebannt lauschte ich Gurudschis Schilderungen und fühlte mich in eine andere, geheimnisvolle Welt versetzt.

Ja, hier war es wunderschön. Es herrschte dieselbe liebevolle und friedliche Atmosphäre wie auf Gurudschis Floß. Es war ein magischer, ein himmlischer Ort.

Wir saßen noch eine Weile auf der Bank und lauschten dem Plätschern des Brunnens, da ertönte ein tiefer Gong.

Gurudschi nahm meine Hand und... wir saßen wieder auf Gurudschis Floß.

Der Zauber dieser – für mich neuen – Welt blieb und hielt mich gefangen.

Es war, mal wieder, atemberaubend gewesen, hatte ich doch in Gurudschis Universum eintauchen dürfen.

„So, liebe Tara, jetzt weißt du, wie ich meine Lebensaufgabe gefunden habe.

Und nun werden wir deine Lebensaufgabe, deine Bestimmung ent-decken und wiederfinden.“

Na, das war ja aufregend. Ja, auch ich wollte meine wahre Bestimmung leben!

Raj und ich standen in ständigem Kontakt. Uns verband eine tiefe Vertrautheit. Oft war es so, dass er, kurz nachdem ich intensiv an ihn gedacht hatte, anrief. Und oft umgekehrt. Es kam uns vor wie Telepathie. Wir fühlten, ob es dem anderen gut oder schlecht ging, obwohl wir uns eigentlich noch gar nicht richtig kannten. Es war wie Magie, vom ersten Moment an.

Ich erzählte Raj von meinem Ausflug mit Gurudschi. Ich beschrieb ihm den Ashram und erzählte von Guru Nana.

Raj traute seinen Ohren nicht, denn auch er kannte Guru Nana. Seine Mutter war eine große Verehrerin von ihm und hatte ein Bild von Guru Nana in ihrem Zimmer hängen.

Das gab es doch nicht! Das konnte doch kein Zufall sein!

Was passierte hier? Raj und ich konnten uns diese Dinge nicht erklären. An diesem Abend redeten wir noch stundenlang weiter. Doch die Zusammenhänge erkannten wir nicht.

In dieser Nacht hatte ich einen intensiven Traum:

Ich sah ganz deutlich, nein, besser gesagt: Ich erlebte, wie Raj und ich gemeinsam in einem großen Haus an einem See lebten. Menschen gingen ein und aus, und es herrschte eine wunderschöne, friedliche Atmosphäre.

Wir hatten einen blühenden Garten, und auch hier saßen Menschen und lasen oder waren in Gespräche vertieft.

Auf einer Bank saß Gurudschi. Er winkte mich zu sich:

„Hallo, Tara", sagte er, „schau dir alles gut an, denn dieses hier ist der Ort an dem du einmal leben wolltest. Das ist der Ort, den du dir vor langer Zeit ausgesucht hast. Nun hast du den richtigen Platz in deinem Leben gefunden.“

Leider klingelte in diesem Moment mein Wecker.

Ich fühlte mich wunderbar beglückt, geradezu beseelt von diesem intensiven Traum, und beschwingt ging ich in diesen neuen Tag.

Stunden später saß ich mit Anna – inzwischen viel mehr als meine Perle – in einer Besprechung, als ich eine SMS von Raj bekam:

„Hatte tollen Traum, mit dir zusammen in Haus am See, war super! Liebe dich, Raj.“

Ich wollte Raj sofort anrufen, konnte ihn aber nicht erreichen. Hatte er etwa den gleichen Traum, dieselben Bilder in der Nacht erlebt wie ich?!

Unvorstellbar – was geschah nur mit uns beiden?

In der Firma gab es an diesem Tag viel zu erledigen, und so stellte ich meine Gedanken erst einmal zurück.

Am Nachmittag hatte ich dann Zeit für eine Tasse Tee, zog mich in unseren Meditationsraum zurück und machte es mir bequem.

Vor mir lag eine Zeitschrift, die ich nicht kannte. Ich schlug sie mittendrin auf und stieß auf einen interessanten Artikel:

Stell dein Tun in den Dienst der Menschheit!

Es ging darum, sich bewusst zu machen, dass man sein gesamtes Handeln und Tun unter den Aspekt „Im Dienste der Menschheit" stellen sollte.

Ich las weiter: „Egal, an welchem Platz Sie auf dieser Erde stehen, egal, welcher Arbeit Sie gerade nachgehen – was immer Sie auch tun, tun Sie es im Dienste der Menschheit!

Da alles miteinander verbunden, alles miteinander vernetzt ist, ist jedes Handeln, jede Arbeit wichtig. Alles, was Sie denken und tun, geht von Ihnen aus und kommt irgendwie zurück.

Jede Arbeit, jedes Handeln, jedes Denken ist ein Beitrag für die Welt. Erkennen Sie, welchen Beitrag Sie der Welt geben können." Gebannt las ich weiter:

„Der Mensch hat den freien Willen bekommen. Sie können die Richtung, in die Sie gehen, selbst bestimmen."

„Was immer Sie tun, tun Sie es zum Wohl der Menschheit! Das höchste Wohl der Menschheit ist auch immer gleichzeitig Ihr höchstes Wohl. Sie können jederzeit, überall und unter allen Umständen das Licht in die Welt tragen!"

Darunter stand ein Spruch von Mahatma Gandhi:

„Mein Optimismus beruht auf dem Glauben an die unendlichen Möglichkeiten des Einzelnen, der Gewaltlosigkeit zum Sieg zu verhelfen. Je mehr du sie in deinem Selbst verwirklichst, desto ansteckender wird sie, bis sie deine Umgebung in ihren Bann zieht und nach und nach vielleicht auf die ganze Welt übergreift."

Auf der nächsten Seite stand:

„Überlegen Sie sich jeden Tag:

Wie kann ich mir dienen?
Wie kann ich meiner Familie dienen?
Wie kann ich meiner Stadt dienen?
Wie kann ich der Welt dienen?
Wie kann ich Gott dienen?“

Huh, jetzt brauchte ich erst einmal eine Pause von meiner Pause.

Dieser Artikel hatte mich sehr berührt und war ein wertvoller Beitrag, um meinen eigenen Lebenszweck zu erkennen. Ich spürte es ganz deutlich: Ich fühlte mich verbunden mit jedem einzelnen Menschen.

Schließlich war ich Teil dieser großen Menschenfamilie.

Ja, ich wollte mein Denken und Tun in den Dienst der Menschheit stellen.

Ich schnitt den Spruch von Mahatma Gandhi und die Fragen auf der nächsten Seite aus und legte sie in mein Büchlein.

Am Abend ließ ich mir noch einmal alles ruhig durch den Kopf gehen. Ja, das war es!

Schon immer hatte ich eine unbestimmte Sehnsucht gehabt. Jetzt wusste ich es:

Ich wollte etwas zum Nutzen der Menschen tun!

Ich hing meinen Gedanken nach und überlegte dabei, wovon ich leben sollte, wenn ich meinem Leben eine völlig neue Richtung geben würde. Gurudschi hatte gesagt, dass die materiellen Dinge keine Rolle spielen. „Was du brauchst, wirst du bekommen. Mach dir keine Sorgen." Wie sollte das aber in der Realität funktionieren? Ich musste ihn unbedingt fragen.

Es war zwar schon spät, aber ich beschloss dennoch, Gurudschi sofort einen Besuch abzustatten.

Ich blieb lange bei ihm. Wir redeten und redeten. Ich fragte Gurudschi nach Raj, und er antwortete das gleiche wie beim letzten Mal: „Ihr kennt euch schon sehr lange, und ihr habt eine gemeinsame Aufgabe.“

Als ich am nächsten Tag in der Firma war, bekam ich einen Anruf von Sita:

Lea, eine gemeinsame Freundin, war tot.

Wir kannten Lea schon aus unseren Kindertagen, waren alle drei Nachbarn gewesen.

Lea hatte einen Verkehrsunfall gehabt. Ein junger Mann wollte auf der Gegenfahrbahn überholen und hatte Leas Wagen nicht gesehen. Es gab einen furchtbaren Zusammenprall, und Lea starb noch auf dem Weg ins Krankenhaus.

Es tat so weh. Lea, Lea. Sie war noch so jung. Sie hatte so viele Pläne. Wir liebten ihre Power und ihr Kreativität, ihre ansteckende Fröhlichkeit, ihre Liebenswürdigkeit, ihr Lachen, ihr...

Ich war wie betäubt vor Schmerz.

Wie in Trance verließ ich die Firma und lief ziellos durch die Straßen.

‚Warum, warum, warum?!?' schrie ich innerlich.

Ich konnte den Gedanken, Lea nie mehr wiederzusehen, nicht ertragen. Der Schmerz zerriss mir fast das Herz.

Plötzlich merkte ich, dass ich vor dem Schiffsanleger stand. Gott sei Dank!

Schluchzend betrat ich das Floß.

Gurudschi nahm mich in die Arme und streichelte mir über den Kopf. Er reichte mir eine Tasse Ingwertee, und wir ließen uns auf den Kissen nieder. Ich konnte nicht aufhören zu weinen.

Irgendwann begann Gurudschi zu sprechen:

„Der Tod ist nicht das, was du glaubst, Tara.

Die Menschen, gerade bei euch im Abendland, haben eine sehr negative Einstellung zum Tod und große Angst vor ihm.

Der Tod wird wie eine Strafe angesehen und sie blenden ihn aus dem Leben aus. Mit dem Thema Tod will niemand etwas zu tun haben. Es gehört zu einem der letzten Tabuthemen dieser Zeit. Nur die wenigsten Menschen beschäftigen sich damit.

Dabei ist der Tod genauso ein Teil vom Leben wie die Geburt. Die meisten Menschen haben Angst davor, weil sie nicht wissen, was danach kommt. Sie glauben, dass mit dem Tod alles zu Ende sei. Sie kennen nur das Erdenleben und denken, das sei alles.

Stell' dir vor, du lebst in einem Dorf. Du kennst nur das Leben hier in deinem kleinen Dorf. Du könnest dir gar nicht vorstellen, dass es noch etwas anderes außerhalb deines Dorfes geben würde. Aber hinter dem Horizont geht es weiter...

Und genauso verhält sich die Sache mit dem Tod. Ihr habt Angst davor, weil ihr nicht wisst, was euch erwartet.

Du musst Vertrauen haben! Angst entsteht aus dem Gefühl des Getrenntseins von Gott. Du bist aber nicht getrennt von Gott!

Alle Naturvölker dieser Erde, angefangen von den Aborigines, den Ureinwohnern Australiens, bis zu den Indianern, praktizieren einen völlig natürlichen Umgang mit dem Ende dieses Erdenlebens.

Die Ureinwohner haben früher gespürt, wann ihre Zeit gekommen war. Sie verabschiedeten sich dann von ihrem Stamm, manchmal sogar mit einem Fest, und zogen sich zum Sterben an einen stillen Ort zurück, etwa unter einen Baum.

Sie verließen ihren Körper bewusst! Sie wechselten ganz bewusst in einen anderen Seinszustand. Der Körper, der seine Schuldigkeit getan und dem Menschen ein ganzes Leben lang gedient hat, wird verlassen, zurück gelassen, bevor sich die Seele auf die weitere Reise begibt. Sie reist nach Hause.

In der Natur, meine Tara, geht nichts verloren. Alles bleibt erhalten. Alles bleibt im Ganzen erhalten – was sich ändert, ist lediglich die Form."

Mir liefen immer noch die Tränen. Der Gedanke, dass ich Lea nicht mehr sehen würde, machte mich tief traurig:

„Aber Lea war noch so jung“, entgegnete ich verzweifelt.

„Das Alter spielt keine Rolle. Ob du dreißig oder achtzig bist. Diese Zeitspannen sind sowieso nur ein Hauch in der Zeitrechnung. Was ist Zeit, liebe Tara?“

Gurudschi reichte mir ein „Merkblatt“:

Wenn du in jedem lebendigen Wesen
die Seele erkennst, siehst du wahrhaftig.
Wenn du im Herzen eines jeden sterblichen Wesens
Unsterblichkeit siehst,
siehst du wahrhaftig.

(aus der Bhagavad Gita)

„Werde dir bewusst, Tara, dass Lea nur den Seinszustand gewechselt hat! Sie ist nicht weg. Sie ist nur anders.

Sie hat die Form gewechselt. Sie hat den Raum gewechselt.“

Langsam beruhigte ich mich ein wenig.

„Tara, ich möchte dir gerne etwas zeigen. Bist du in der Lage dazu?“, fragte mich Gurudschi liebevoll.

Ja, bestimmt würde mir das gut tun.

Wir befanden uns in einem Raum, der in sanftes Licht getaucht war. In der Mitte stand ein Bett, in dem eine Frau lag. An ihrem Bett saßen ein Mann und eine jüngere Frau.

Scheinbar waren wir in einem Krankenhaus. Ich fragte Gurudschi.

„Wir sind in einem Hospiz, Tara. Hast du schon einmal einen Menschen sterben sehen?“

Nein, hatte ich nicht. Ich bekam sofort wieder Angst. Doch Gurudschi nahm meine Hand und übertrug mir Kraft.

Einige Minuten später verstarb die im Bett liegende Frau.

Es war seltsam: Die Frau hatte einen wunderschönen Gesichtsausdruck. Der Raum war auf einmal voller Frieden. Es herrschte eine fast mystische Atmosphäre. Man spürte, wie sich ihre Seele von dem Körper löste.

Aber man spürte keine Angst, kein Getrenntsein, sondern tiefen, ja, göttlichen Frieden. Seligkeit.

‚Der Seinszustand ändert sich', gingen mir Gurudschis Worte durch den Kopf. Ja, ich spürte ganz deutlich, dass diese Frau zwar nicht mehr ihr Körper war, aber irgendetwas von ihr war trotzdem da. Sie hatte nur den Seinszustand gewechselt.

Langsam begann ich zu verstehen!

Gurudschi nahm meine Hand mit den Worten: „Ich zeige dir noch etwas, was dich interessieren wird."

Ich schaute mich um. Den Ort kannte ich doch.

Ja, tatsächlich. Wir waren im Innenhof von Gurudschis Ashram und setzten uns wieder auf die Bank neben dem Brunnen.

Ein tiefer Frieden hatte mich erfasst: „Kein Mensch ist allein. Egal, wohin wir gehen, wir gehören zu einem Ganzen. Wir sind nicht getrennt. Der Tod ist kein Ende von irgendetwas. Er **ist** einfach. Die Geburt ist nicht der Anfang. Sie **ist** einfach.

Die Geburt ist nur der Anfang von dem Leben in diesem Körper und der Tod nur das

Ende von dem Leben in diesem Körper. Die Geburt ist der Beginn, sie ist der Anfang des Tages, den wir in einem bestimmten Kleid verbringen, und der Tod ist der Abend, wenn wir dieses Kleid abstreifen. Aber das Kleid ist nicht wichtig. Wir bleiben dennoch wir – ob mit Kleid oder ohne“, hallte es in mir nach.

Ein Schüler von Guru Nana kam vorbei und brachte uns ein Glas Wasser. Mir reichte er ein Blatt Papier mit einem Gruß von Guru Nana:

Der Mensch schreitet von Epoche zu Epoche
auf die vollkommene Verwirklichung seiner Seele zu.
Diese Seele ist größer als alle angehäuften Reichtümer,
größer als alle vollbrachten Taten und größer als alle erfundenen Theorien;
das Voranschreiten dieser Seele wird niemals aufgehalten,
weder durch Tod noch durch Auflösung.

(Rabindranath Tagore)

Ich spürte, dass Gurudschi mich immer näher hin zu den Wahrheiten, den wirklichen

Wahrheiten, führte, und hatte das Gefühl, zum ersten Mal meine Seele zu spüren.

„Bleibe stets voller Vertrauen zu Gott, liebe Tara! Egal, was passiert, spüre, wie du in Seinen Händen liegst."

Nach einer Weile ging Gurudschi mit mir in den Raum von Guru Nana. Dieser saß auf seinem Kissen und war tief in seine Meditation versunken. Wir setzten uns leise an eine Seite des Raumes auf Kissen und warteten.

Kurze Zeit später betrat ein Schüler Guru Nanas den Raum und ließ sich ebenfalls leise vor ihm nieder.

Als Guru Nana die Augen wieder öffnete, sagte der Schüler aufgeregt: „Guru Nana, mein Bruder ist hier. Er möchte dich gerne kennen lernen."

„Bring ihn her", antwortete Guru Nana freundlich.

Der Bruder des Schülers kam herein, Guru Nana sprach kurz mit ihm und schickte ihn dann schnell wieder hinaus.

Anschließend rief Guru Nana nach seinem Schüler.

„Dein Bruder wird innerhalb der nächsten zwei Monate sterben."

„Aber, Guru Nana. Das kann nicht sein!", rief sein Schüler erschrocken. „Mein Bruder ist jung und gesund."

„Er wird krank werden, und seine Kräfte werden ihn schnell verlassen. Die Ärzte werden um sein Leben kämpfen, aber sie werden es nicht schaffen."

Und dann sahen wir den Verlauf der Dinge im Zeitraffer vor unseren Augen ablaufen.

Es geschah genauso, wie Guru Nana es vorhergesagt hatte, und eines Tages, kurz vor Ablauf der zwei Monate, kam sein Schüler völlig niedergeschlagen zu Guru Nana:

„In drei Tagen sind die zwei Monate um. Meinem Bruder geht es sehr schlecht, die Ärzte haben ihn aufgegeben."

„Geh zu deinem Bruder und sage ihm, Gott wird ihn heilen!", sprach Guru Nana. „Gib ihm dieses Amulett, es wird ihm Kraft geben!"

Der Schüler tat, wie ihm geheißen. Und das Wunder geschah.

Der Bruder des Schülers war am dritten Tag gesund und konnte nach Hause zurückkehren.

Der Schüler bedankte sich überglücklich bei Guru Nana, doch der erwiderte nur: „Nicht ich, Gott hat deinen Bruder geheilt."

„Aber du hast ihm das Amulett gegeben", erwiderte der Schüler. „Das Amulett ist materiell. Es hat keine Bedeutung. Es ist der Glaube, der deinen Bruder geheilt hat. Der Glaube an Gott." Mit diesen Worten beendete Guru Nana das Gespräch.

Ich war tief berührt. Der Glaube an Gott konnte Wunder bewirken! Eigentlich wusste ich das ja, aber verinnerlicht hatte ich es bis jetzt noch nicht.

Gurudschi nahm meine Hand. Es war Zeit zu gehen, aber Guru Nana winkte mich noch einmal zu sich.

„Ich habe ein kleines Geschenk für dich, Tara", meinte er und überreichte mir ein Amulett. Auf der Rückseite war ein Bild von ihm zu sehen. Er zwinkerte mir zu und lachte mich beinahe verschmitzt an.

Kurz darauf saßen wir wieder auf Gurudschis Floß. Ich hielt meinen Schatz, das Amulett, in den Händen und dachte über Guru Nanas Worte nach, die er seinem Schüler gegenüber geäußert hatte: „Das Amulett ist nur ein materielles Ding. Es hat keine Bedeutung. Es ist der Glaube.“

Das Amulett würde mich jedenfalls immer daran erinnern, was der Glaube bewirken kann.

Tja, da fiel mir wieder der Satz aus der Bibel ein:

Der Glaube versetzt Berge!

Nun hatte ich selbst gesehen, was der Glaube erreichen konnte.

Ich dachte wieder an Lea – dieses Mal voller Liebe, nicht mehr von Trauer überwältigt. Ich war zwar immer noch sehr, sehr traurig, besonders darüber, dass ich sie hier nicht mehr sehen würde, aber ich wusste nun, dass sie nur ihre Erscheinungsform gewechselt hatte. Nur ihr Körper, nicht aber ihre Seele, war tot.

Lea war unsterblich. Genauso, wie jede Seele unsterblich war.

Später beruhigte ich auch Sita. Ich erzählte ihr den Spruch von Rabindranath Tagore, und auch sie schöpfte große Kraft daraus. Lea war unsere Freundin, und wir würden immer mit ihrer Seele verbunden sein, ob sie nun hier in einem Körper lebte oder nicht.

Kapitel VII

Am nächsten Tag telefonierte ich mit Raj, der mir erzählte, was er Aufregendes erlebt hatte.

Raj hatte wohl einen sehr intensiven Traum gehabt, in dem er wieder davon träumte, in einem großen Haus an einem See zu leben, einem besonderen Haus. Viele Menschen waren dort, und es herrschte eine friedliche, ungewöhnliche Atmosphäre. Raj spazierte durch das Haus und gelangte schließlich zu einem Raum, der sein Interesse weckte. Als er ihn betrat, fand er dort einen Mann vor, tief in Meditation versunken. Raj betrachtete ihn ehrfürchtig. Das musste ein Heiliger sein. Eine vergeistigte, ehrerbietende Aura umgab ihn. Raj konnte den Blick nicht von ihm wenden, doch als er gehen wollte, öffnete der Mann seine Augen mit folgenden Worten: „Ich grüße dich Raj. Sei willkommen in deinem Haus!“

Raj war total irritiert: Wieso in „seinem“ Haus? Denn er hatte keine Ahnung, wo er war.

„Du wirst bald hier leben und deine Aufgabe erfüllen“, sprach der Heilige weiter.

Raj verstand nun gar nichts mehr und blickte den Heiligen ungläubig an.

Nun erkannte er ihn. Das konnte doch nicht sein! Es war Guru Nana. Ja, jetzt sah er es ganz deutlich.

Das war derselbe Mann wie auf dem Bild seiner Mutter.

„Ich kenne dich, du bist Guru Nana“, rief Raj freudig, „Du hast früher einmal meiner Mutter sehr geholfen!“

„Ja, Raj. Aber nun will ich dir etwas mit auf deinen Weg geben“, sagte er. „Ich möchte dir ein Geschenk machen. Es wird dir stets Kraft geben. Vergiss nie: Der Glaube versetzt Berge!“, und mit diesen Worten überreichte er Raj ein Amulett.

Raj betrachtete das Amulett. Auf der Rückseite war ein Bild von Guru Nana zu sehen.

Als er seinen Blick von dem Amulett löste und wieder hochschaute, war Guru Nana verschwunden.

Raj erlebte diesen Traum mit allen Sinnen und sehr intensiv. Es war für ihn, als sei er tatsächlich an diesem Ort gewesen.

Aber das wirklich Unfassbare an dieser Geschichte war ja, als er morgens erwachte, lag er auf dem Rücken in seinem Bett und in seinen Händen hielt er..., in seinen Händen hielt er das Amulett!

Ich bekam eine Gänsehaut!

Als ich ihm nun erzählte, dass auch ich ein Amulett von Guru Nana bekommen hatte, wusste Raj gar nichts mehr zu sagen.

Für Raj und mich waren die Zeichen eindeutig. Wir hatten eine gemeinsame Aufgabe – eine gemeinsame Lebensaufgabe, und wir beschlossen, unserem Leben eine völlig neue Richtung zu geben.

Raj würde nach Deutschland kommen, und wir wollten uns gemeinsam auf die Suche nach dem Haus am See machen, denn dieses Haus schien ja eine bedeutende Rolle in unserem Leben zu spielen.

Gesagt, getan. Raj musste noch einige Formalitäten erledigen, und ich hatte noch einiges in der Firma zu regeln.

Alles verlief reibungslos. Ich verkaufte meinen Anteil an der Firma an einen langjährigen Geschäftspartner. Es gab keine Komplikationen. Wir einigten uns sehr schnell über alle Details, es war erstaunlich. So lief das also, wenn sich die Türen öffneten.

Anna, meine Assistentin, war zuerst traurig, aber als sie hörte, dass sie nun sogar eine leitende Position bekommen würde, war auch sie wieder glücklich.

Der Abschied fiel mir nicht leicht. Aber ich wusste, dieser Weg war der richtige. Aufgeregt und voller Spannung blickte ich in die Zukunft.

Als ich schließlich aus der Firma kam, wollte ich etwas frische Luft schnappen. Ich ging durch die Stadt und kam schließlich an einer Kirche vorbei. Etwas zog mich wie magisch dort hinein.

Ich betrat die Kirche. Sie war wunderschön. Es duftete nach Weihrauch. Durch die bunten Glasfenster fiel das Sonnenlicht schräg auf den

Marmorboden. Und diese himmlische Ruhe. Ich zündete eine Kerze an, setzte mich für einen Moment hin und betrachtete die Figuren und Gemälde. Es gab unzählige Engel, und einer war kunstvoller als der andere.

Ich hatte schon viele Bücher über Engel gelesen und fühlte mich immer wohl, wenn ich irgendwo einen Engel sah. Sie gaben mir ein warmes Gefühl des Geborgenseins, des Friedens.

Ich saugte die Atmosphäre förmlich in mich auf.

Frisch gestärkt ging ich nach Hause. Auf dem Weg kam ich an meiner Lieblingsbuchhandlung vorbei und schenkte mir ein Buch, ein Buch über Engel.

Zu Hause machte ich es mir so richtig gemütlich, mit vielen Kerzen, sanfter Musik und einem angenehmen Duft, und begann, in meinem neuen Buch zu lesen.

Schon die ersten Worte waren vielversprechend:

„Engel sind die Verbindung zwischen Himmel und Erde."

Denn er hat seinen Engeln befohlen,
dass sie dich behüten auf all deinen Wegen;
dass sie dich auf Händen tragen
und du deinen Fuß nicht an einem Stein stoßest.

(Psalm 91, 11)

Ich tauchte regelrecht in die Welt der Engel ein. Konnte es wirklich sein, dass es Engel gibt?

Nach dem, was ich in der letzten Zeit alles erlebt hatte, konnte ich nichts mehr ausschließen.

An Schutzengel glauben ja sehr viele Menschen, nur – irgendwie merkwürdig: Auf der einen Seite glauben sie an Schutzengel, auf der anderen Seite aber nicht daran, dass Engel tatsächlich etwas mit unserem Leben zu tun haben könnten.

Als ich so meinen Gedanken nachhing, saß mir wieder einmal plötzlich Gurudschi, aus dem Nichts kommend, gegenüber.

„Wenn der Prophet nicht zum Berg kommt, muss der Berg eben zum Propheten kommen“, scherzte er.

Oh, ich liebte ihn einfach. Vor allem seinen Sinn für Humor, und dabei war er so unendlich weise.

Er war bestimmt der wunderbarste Heilige, den es je gegeben hatte.

„Gurudschi, können Engel Lebensbegleiter sein? Gibt es sie tatsächlich?“, fragte ich ihn ohne Umschweife.

„Was glaubst du, Tara? Was glaubst du ganz tief in deinem Inneren, was sagt dir dein Gefühl?“, fragte er.

Das war wieder typisch. So eine Art Hilfe zur Selbsthilfe.

Nun gut!

„Eigentlich glaube ich, dass es Engel gibt. Aber manchmal bin ich auch verunsichert.

Man sagt ja in bestimmten Situationen, in denen man einem Unheil entkommen ist: Da hattest du aber einen Schutzengel.

Aber dass Engel an unserem normalen Leben Teil haben, kann ich mir nur schwer vorstellen. Sind Engel nicht viel zu heilig dafür? Ist das normale Leben nicht zu banal für Engel?“

„Wie kann denn ein Leben banal sein? **Dein** Leben, liebe Tara?

Dein Leben und auch das von jedem anderen Menschen auf dieser Welt ist genau das Gegenteil von banal. Es ist wichtig! Es ist wichtig für dich und für die anderen. Es ist ein Leben von Gott. Wie kannst du glauben, dass etwas, das von Gott, aus der Quelle, entstammt, der Engel unwürdig sei?

Ihr Menschen zweifelt an Dingen, die ihr nicht sehen könnt. Immer wieder stoßt ihr an diesen Punkt. Glaube, was dein Herz dir sagt! Verlass dich nicht auf deine Augen! Deine Augen nehmen nur sehr wenig wahr.

Mittlerweile weiß die Hirnforschung, dass das menschliche Auge nur sehr wenig wahrnehmen kann. Gerade genug, um in dieser Welt klarzukommen. Unsere Augen sehen nur elektromagnetische Wellen zwischen 400 und 800 Nanometer Länge, hören können wir sogar nur Schallwellen zwischen 16 und 20000 Hertz. Der Mensch ist blind für Ultraschall und Röntgenstrahlen, für Wechselströme, Rundfunkwellen usw.

Die Sinneswahrnehmung der Menschen ist also reichlich begrenzt.

Engel, meine liebe Tara, bewegen sich auf einer anderen Bewusstseinsebene. Das heißt aber noch lange nicht, dass es sie nicht gibt.

Du kannst sie nicht sehen, aber du kannst sie spüren.

Lass dich auf die Engel ein! Sie freuen sich auf dich, auf jeden von euch.

Wenn du zu deinem Engel Kontakt aufnehmen möchtest, schließe einfach einen Moment die Augen! Denke an deinen Engel und beobachte, welcher Name dir zuerst einfällt! Das ist dann der Name deines Engels!“

„Samuel“, platzte ich heraus, „Er heißt Samuel!“

„Siehst du, woran also hast du gezweifelt, Tara? Dein Engel ist immer bei dir. Dein Engel ist immer für dich da! Dein ganzes Leben lang bist du von Engeln umgeben, du bist nicht getrennt und alleine. Deine Engel und du, ihr seid ein Team – ein himmlisches Team sozusagen.

Lass dich auf die Engel ein, vertraue und lass dich von ihnen tragen!

Ich habe einen guten Freund in Indien, der alles hat. Was immer er auch möchte, er bekommt es.

Er sagt immer: ‚Ich habe eine Engel zum Freund, und der bringt mir, was ich möchte.'

Und noch eine kleine Geschichte möchte ich dir aus meiner Heimat erzählen:

Zwei Engel waren auf Reisen. Am Abend suchten sie eine Bleibe für die Nacht und machten Halt vor dem Haus einer wohlhabenden Familie.

Diese Leute waren jedoch sehr unhöflich und verweigerten den Engeln den Aufenthalt in dem behaglichen Gästezimmer. Stattdessen gaben sie ihnen ein Stück trockenes Brot und wiesen ihnen einen Platz in ihrem feuchten und kalten Keller zum Übernachten zu.

Die Engel legten sich auf den Boden und versuchten zu schlafen, da entdeckte der ältere der beiden ein Loch in der Wand. Er stand auf und reparierte es.

Der Jüngere fragte verwundert, warum er das getan hätte, wo die Familie doch so unfreundlich und ungastlich wäre.

Der ältere Engel antwortete nur:

Die Dinge sind nicht immer das, was sie zu sein scheinen.

Am nächsten Morgen zogen die beiden weiter.

Am Abend suchten sie erneut eine Bleibe und machten dieses Mal Halt an einem Bauernhaus.

Der Bauer und seine Frau waren sehr arm, aber dennoch waren sie sehr, sehr gastfreundlich. Sie teilten ihr Essen mit den beiden Reisenden und überließen ihnen sogar ihr eigenes Bett.

So ruhten die beiden Engel in dieser Nacht geradezu himmlisch.

Als die Sonne am nächsten Morgen den Himmel erklomm, fanden die Engel den Bauern und seine Frau in Tränen aufgelöst. Ihre einzige Kuh, von deren Milch sie alleine lebten, lag tot auf dem Feld.

Als der jüngere Engel das sah, wurde er ärgerlich und fragte den älteren, warum er das hatte zulassen können?

„Der wohlhabende Mann vom vorherigen Tag hatte alles, und dem hast du geholfen, indem du die Wand repariert hast“, meinte er anklagend. „Der Bauer aber hatte wenig, und ausgerechnet dem ließest du, zum Dank für seine Großzügigkeit und Gastfreundschaft, die Kuh sterben.“

Die Dinge sind nicht immer das, was sie zu sein scheinen, antwortete der ältere Engel wieder.

„Ich will es dir erklären:

Als wir in dem kalten Keller des wohlhabenden Mannes ruhten, bemerkte ich, dass sehr viel Gold in dem Loch in der Wand steckte. Weil der Eigentümer so von Gier besessen war und sein glückliches Schicksal nicht teilen wollte, versiegelte ich die Wand, so dass er es nicht finden konnte.

Als wir dann letzte Nacht im Bett des Bauern schliefen, kam der Tod, um seine Frau zu holen.

Ich gab ihm stattdessen die Kuh."

Die Dinge sind nicht immer das, was sie zu sein scheinen!

Vergiss nie, liebe Tara:

Die Dinge sind nicht immer das, was sie zu sein scheinen."

Gurudschi hatte sich längst verabschiedet, und ich las weiter in meinem Engelbuch. Die Engel hatten mich in ihren Bann gezogen.

Es wurde eine kurze Nacht, aber ich fühlte mich topfit. Am nächsten Morgen beim Frühstück schaltete ich das Radio ein. In meinem Lieblingssender gab es eine Sondersendung, na worüber wohl? Richtig, über Engel!

Der Sender forderte die Leute auf, anzurufen und ihre Erlebnisse mit Engeln zu erzählen.

Das war ja interessant! Unnötig zu erwähnen, dass ich normalerweise beim Frühstück nie Radio hörte, weil ich lieber Ruhe habe. Wahrscheinlich steckte Gurudschi mal wieder mit seinem gedanklichen Networking dahinter!

Es riefen erstaunlich viele Menschen an; das Thema Engel schien also interessant zu sein.

Einige erzählten, wie sie vor einem Unfall beschützt wurden, fest davon überzeugt, dass ihr Schutzengel dahinter steckte. Andere gaben preis, wie sie verloren gegangene Dinge mit Hilfe der Engel wiedergefunden hätten.

Und dann rief eine Frau an und erzählte, dass sie eine enge Verbindung zu ihren Engeln habe.

Sie sei mit Hilfe der Engel sogar dem richtigen Mann begegnet.

Sie erzählte uns folgende spannende Geschichte:

„Abends bin ich immer zu meinem gedanklichen Meditationsort gegangen und habe mir vorgestellt, wie ich glücklich mit einem Partner zusammenlebe. Ich habe mir alle Details ausgedacht, sogar Einzelheiten aus dem Haus, in dem ich mit meinem Partner leben würde. Ich habe mir alles ganz genau vorgestellt, und dann den Rest in die Hände der Engel gelegt.

Nach etwa drei Monaten bin ich von einem netten Mann zu ihm nach Hause eingeladen worden. Stellen Sie sich meine Überraschung vor, als ich gesehen habe, dass ein Teil des Hauses so eingerichtet war, wie ich es mir vorgestellt hatte. Aber die Krönung war: An einer bestimmten Stelle hing ein großes Bild, und auf diesem Bild war mein Meditationsort abgebildet. Und daneben stand ein großer Engel! Nun wusste ich, dass ich dort richtig bin!

Engel sind eben die Verbindung zwischen Himmel und Erde“, beendete sie ihr Telefonat...

An Engel zu glauben, verleiht wahrlich Flügel!

Das war ja wirklich interessant.

Mir wurde auf einmal ganz klar, wie blind wir Menschen durch die Weltgeschichte laufen.

Überall gibt es Hilfen und Führungen, aber wir schlagen uns als Einzelkämpfer durchs Leben!

Das muss man sich mal vorstellen!

Es war auf einmal, als könnte ich klarer sehen, als hätte jemand den dicken Vorhang vor meinen Augen zur Seite geschoben, und mich durchflutete ein starkes Gefühl der Einheit.

Das Gefühl des Getrenntseins machte endlich dem Gefühl des Einsseins Platz.

Es war ein herrliches, ein göttliches Gefühl!

Mir fiel ein Spruch von Rabindranath Tagore ein:

Folgendes sollte das Ziel
unseres gesamten Lebens sein:
In allen unseren Gedanken und allen
unseren Handlungen sollten wir uns
des Unendlichen bewusst sein.

Ja, das war's!

Wir sind nicht allein. Keiner von uns. Wir sind alle in dem Einen. Eingebettet in das Eine!

Wow!

Eingebettet in das Eine!!!!!!!

Am Nachmittag klingelte es auf einmal an meiner Haustür.

Am Eingang stand ein Bettler und fragte, ob ich ihm etwas Geld geben könnte. Ich wollte schon die Haustür vor seiner Nase zu machen, doch auf einmal ging mir der Gedanke durch den Kopf:

Alles ist mit allem verbunden. Der arme Mann, er war ja bestimmt auch nicht glücklich darüber, betteln zu müssen. Wer weiß, was dieser Mensch schon alles durchgemacht hatte.

Ich schämte mich dafür, dass ich ihn erst so überheblich hatte abschütteln wollen, und gab ihm etwas Geld und schwor mir in diesem Augenblick: ‚Wer an meine Türe klopft, den stoße ich nicht zurück.'

Der Bettler bedankte sich glücklich und meinte:

„Sie sind ein Engel, junge Frau. Danke."

Das tat gut.

Ab jetzt wollte auch ich ein Engel für die anderen sein, ein himmlischer Mitarbeiter sozusagen.

Zum Abschied reichte mir der Bettler einen Zettel:

Lass nicht zu, dass du jemandem begegnest,
der nicht nach der Begegnung mit dir glücklicher ist!

(Mutter Teresa)

Ich las den Spruch und schaute verwundert hoch, jetzt erst wurde mir klar: Der Bettler war Gurudschi!

In dem Moment, als ich ihn erkannte, löste er sich quasi in Luft auf und war verschwunden.

Gurudschi hatte mich auf die Probe gestellt. Es war okay – ich hatte verstanden.

Die Vorbereitungen für unser neues Leben liefen auf Hochtouren. Noch an diesem Abend wollte Raj nach Deutschland kommen. Ich freute mich unbändig auf ihn.

Sein Flugzeug sollte gegen zweiundzwanzig Uhr landen.

Ich hatte also noch Zeit, auf einen Sprung bei Gurudschi vorbeizuschauen, bevor ich zum Flughafen fuhr.

Ich ging an den Schiffsanleger und dachte über die Zukunft nach. Wie würde mein Leben mit Raj werden? Würde ich noch so oft zu Gurudschi gehen können?

Gurudschi war inzwischen der wichtigste Mensch in meinem Leben. Ein Leben ohne ihn war einfach unvorstellbar.

Wohin würden Raj und ich ziehen?

Der Fähranleger war mir inzwischen so sehr ans Herz gewachsen. Eigentlich hatte ich erst hier durch Gurudschi gelernt, wirklich zu leben.

Ich ging den Steg entlang. Dieses Mal viel bewusster als die letzten Male.

Es war weder ein Schiff noch ein Floß zu sehen, wie meistens. Am Ende des Stegs machte ich wieder einen Schritt ins Nichts und... landete wieder auf dem Floß!

Gurudschi war da, alles war – wie immer – in dieses gelbe, sonnige Licht getaucht. ‚Meinen' Gurudschi umgab ein strahlender Glanz, und augenblicklich fühlte ich mich wie im Himmel!

Ich setzte mich auf mein Kissen, und Gurudschi reichte mir sein rituelles Glas Ingwertee.

„Liebe Tara", sagte er mit seiner warmen Stimme, „du hast unglaublich viel gelernt in dieser Zeit. So langsam, ganz langsam nähern wir uns dem Ende unserer gemeinsamen Reise.

Es gibt aber noch ein, zwei Stationen, die wir gemeinsam besuchen werden."

Ich hatte einen Kloß im Hals. Den Gedanken, Gurudschi entbehren zu müssen, konnte ich nicht ertragen. Es tat zu weh.

„Sei nicht traurig, liebe Tara! Du gehst geradewegs in dein wahres Glück. Und außerdem werde ich immer bei dir sein.

Ich möchte dich noch einen Schritt weiter in das geheime Wissen einweihen. Lass uns noch einmal eine Reise machen!"

Ich war gespannt. Das hörte sich ja wieder sehr geheimnisvoll an.

Gurudschi nahm meine Hand...

Kapitel VIII

Wir befanden uns über der Erde, schienen zu fliegen oder zu schweben.

In der Ferne konnte ich ein helles Licht erkennen. Es kam langsam näher, wir bewegten uns anscheinend darauf hin.

Was ich dann allerdings sah, verschlug mir den Atem:

Aus dem Nichts erschien auf einmal ein riesiger Tempel aus weißem Marmor.

Der Eingang war eingerahmt von Säulen. Eine große, breite Treppe führte hinauf. Der Tempel und auch die Treppe erstrahlten in einem hellen Licht und Glanz.

Es war ein unbeschreiblich mystischer Ort.

Sanfte Harfenmusik erklang.

Gurudschi und ich schritten die Stufen zum Tempel hinauf.

Als wir oben angekommen waren, öffnete sich die große Flügeltür.

„Herzlich willkommen, liebe Tara!“, begrüßte mich eine Frau und lächelte mich an.

„Komm nur herein! Wir freuen uns, dass du da bist."

Wir betraten den Tempel und standen jetzt in einer großen Eingangshalle, an zwei Seiten führte jeweils eine Treppe mit einem Geländer nach oben. Dort hielten sich viele Wesen auf, sie trugen lange Gewänder und schienen zu schweben.

Es herrschte eine Atmosphäre vollkommenen Glücks. Alle strahlten mich an und hüllten mich ein in einen Mantel aus Liebe. Das war sie, die reine echte bedingungslose Liebe.

„Willkommen in der Akasha-Bibliothek", sagte jemand, und reichte mir die Hand, und das Wesen führte uns in die Mitte der Halle.

„Weißt du, was die Akasha-Bibliothek ist, Tara?", fragte mich Gurudschi liebevoll. Als ich benommen den Kopf schüttelte, fuhr er fort: „In der Akasha-Bibliothek wird das Leben, die Seele, eines jeden Einzelnen aufbewahrt. Hier ist das gesamte Wissen gespeichert.

Du kannst hier viel über dich und den weiteren Verlauf deines Lebens herausfinden."

Eine weitere Türe öffnete sich, und wir betraten eine riesige, alte Bibliothek mit hohen

Regalen und vielen, vielen Gängen. In der Mitte standen einige Tische.

Eines von den liebenswürdigen Geschöpfen nahm mich an die Hand und führte mich quer durch die Bibliothek zu einem Regal. Ich schaute mir die Bücher dort an und entdeckte plötzlich das Buch ‚Tara'. Wahnsinn!

Ich nahm das Buch vorsichtig heraus und setzte mich an einen der Tische und begann zu lesen. Es war mein Leben, tatsächlich mein Leben! Ich las und las und las.

Ich konnte mein Leben bis zum heutigen Tag verfolgen und erfuhr auch etwas über meine Zukunft. Ich las von Raj und unserer gemeinsamen Lebensaufgabe, von unserem Haus am See und dass wir dort ein Weltzentrum für geistige Entwicklung führten. Dass viele, hoch entwickelte Spirituelle in unserem Haus zusammentreffen würden. Und die Gespräche und Anregungen dort sollten Impulse für die ganze Menschheit geben.

Das war wohl der Dienst an der Menschheit, den Raj und ich als Lebensaufgabe gewählt hatten, – vor langer, langer Zeit, und nun war es an der Zeit, sie zu erfüllen.

Alles, was wir bisher getan hatten, war nur eine Vorbereitung auf dieses Ziel gewesen. Wir hatten es nur nicht gewusst!

Lange saß ich an diesem Tisch und las in ‚meinem' Buch, erfüllt von einem tiefen Glücksgefühl.

Unser, Rajs und mein Weg, war also der richtige.

Ich konnte mich gar nicht mehr von dieser Umgebung trennen, so schön war es hier.

Aber irgendwann mahnte Gurudschi zum Aufbruch, und so gingen wir wieder zurück in die Eingangshalle, und ich nahm noch einmal die himmlische Atmosphäre in mich auf. Ich wollte nichts von alledem jemals wieder vergessen.

Dann verabschiedeten wir uns von diesen sanften, himmlischen Wesen und gingen die Treppe hinunter. Gurudschi nahm meine Hand... und –

Wir saßen wieder auf unserem Floß, – ich noch ganz fasziniert von diesem Erlebnis.

Gurudschi erzählte mir noch einige Anekdoten, und dann machte ich mich auf den Weg zum Flughafen.

Zum Abschied nahm Gurudschi mich in den Arm und streichelte mir über den Kopf.

Sollte das etwa der Abschied sein? Erschrocken fragte ich ihn das.

„Nein, Tara. Wir werden uns schon bald wiedersehen", beruhigte er mich.

Gott sei Dank. Ich brauchte ihn doch noch!

Raj und ich waren überglücklich, endlich zusammen zu sein. Wir waren uns nun ganz sicher, dass wir zusammengehörten und eine gemeinsame Lebensaufgabe hatten. Also warteten wir nicht lange und machten uns schon in den nächsten Tagen auf die Suche nach unserem Haus am See.

Zuerst wussten wir nicht genau, wie und wo wir mit der Suche beginnen sollten, und beschlossen, einfach unseren Gefühlen zu folgen.

Wir waren uns sofort einig, dass wir Richtung Süden fahren wollten. Wir fuhren und fuhren, erst in München machten wir dann Pause.

In der Stadt war viel los, aber wir bekamen noch einen schönen Tisch in einem kleinen gemütlichen Bistro. Gegenüber gab es einen Kiosk, und so kauften wir uns einige Zeitungen. Eine Weile studierten wir die Anzeigenseiten, als Raj mir plötzlich eine Anzeige unter die Nase hielt:

Zu verkaufen:

Wunderschönes Haus, direkt am See gelegen, 3000 qm Grundstück, 500 qm Wohnfläche, guter Zustand.

Tel.: ...

Das ist eine Hutnummer zu groß, war mein erster Gedanke.

Doch Raj überredete mich, es wenigstens anzuschauen.

Wir hatten Glück und bekamen noch an diesem Nachmittag einen Besichtigungstermin.

Drei Stunden später war ich einer Ohnmacht nahe:

Dieses Haus sah genauso aus, wie das Haus in meinem Traum. Und auch Raj hatte von genau diesem Haus geträumt.

Das grenzte an ein Wunder!

Nur – wo sollten wir so viel Geld hernehmen? Dieses Haus kostete bestimmt ein Vermögen!

Aber Gurudschi hatte es ja immer gesagt: „Du wirst bekommen, was du brauchst. Mach dir keine Sorgen!"

Natürlich klangen uns seine Worte in den Ohren, doch trotzdem überlegten Raj und ich angespannt, wie wir solch ein Objekt jemals finanzieren könnten. Dieses Problem schien uns unlösbar.

Wir gingen durch den Garten, der sich bis zum See erstreckte. Traumhaft schön war es hier. Das Licht fiel durch die Äste, ebnete sich einen Weg durch diese herrlich alten Bäume, und überall gab es Schattenornamente zu entdecken. Die Sonne schien in diesem Garten geradezu zu tanzen. Es war grandios. Hier fühlte ich mich so wohl wie noch nie und nirgendwo vorher – außer natürlich auf Gurudschis Floß.

Am See stand eine Bank. Von dort konnte man bestimmt in Ruhe den Blick über den See schweifen lassen. Als wir näherkamen, sahen wir jemanden auf der Bank sitzen – und plötzlich erkannte ich ihn.

„Gurudschi!“, rief ich laut und lief zu ihm.

„Hallo, ihr beiden“, begrüßte er uns lächelnd.

„Ihr habt euer Haus gefunden. Das habt ihr sehr gut gemacht! Ist das nicht ein traumhafter, ja, ein himmlischer Ort?“

„Ja, Gurudschi, das ist der schönste Ort, den ich kenne.“ Ich fiel ihm strahlend und überglücklich in die Arme.

Dann ging mir wieder unser Finanzierungsproblem durch den Kopf:

„Aber es wird bestimmt entsetzlich viel Geld kosten. Wie sollen wir das denn finanzieren?“, fragte ich ein wenig entmutigt.

„Was habe ich dir immer gesagt? Du wirst bekommen, was du benötigst. Hab Vertrauen, Tara! Hab doch endlich Vertrauen! Vergiss deine Zweifel, schick sie weg! Sie passen nicht mehr zu dir.

Lass dich tragen und vertraue darauf, dass du geführt wirst!

Vergiss das nun nie mehr:

DU BIST NICHT ALLEINE: ZU KEINER ZEIT UND AN KEINEM ORT!“

Liebevoll streichelte Gurudschi über unsere Köpfe:

„Und nun geht ins Haus, ihr beiden!“

Raj und ich fühlten uns auf der Stelle viel besser.

Es war tatsächlich unser Haus. Mal sehen, welche Wunder nun geschahen. Wir waren jedenfalls sehr gespannt, –

und es trat ein, was Gurudschi uns prophezeit hatte:

Das Haus gehörte einem älteren Mann, der keine Familie hatte, weder Kinder noch weit entfernte Verwandte. Er mochte Raj und mich auf Anhieb, und als er von unseren Plänen erfuhr, ging ein Strahlen über sein Gesicht. Sein geliebtes Haus, in dem er fast sein ganzes Leben verbracht hatte, würde in gute Hände kommen und eine würdige Bestimmung finden.

Ein warmer und liebevoller Ausdruck lag nun auf seinem Gesicht: „Auf euch habe ich gewartet, ich wusste es nur nicht. Aber jetzt ist mir sonnenklar, dass ihr dieses Fleckchen Erde die nächsten Jahrzehnte nutzen sollt.“ Und machte uns einen so unwirklich günstigen Preis, dass wir uns sofort einig waren.

Wir hatten unser Haus gefunden! Ein Traum war wahr geworden! Raj und ich fühlten uns, als seien wir endlich angekommen. Ja, wir waren angekommen! Es fühlte sich so unglaublich gut an!

Danach überschlugen sich die Ereignisse. Schon einen Monat später konnten wir das Haus beziehen.

Nachdem drei Wochen wie im Fluge vergangen waren, wollte ich unbedingt mit Raj zusammen Gurudschi auf seinem Floß besuchen. Raj war noch nie dort gewesen, und ich wusste nicht, ob es bei ihm auch funktionieren würde, – aber das war überhaupt kein Problem.

Am Anlegesteg lag das Fährboot und in dem Moment, als wir es betraten, waren wir auf Gurudschis Floß.

Gurudschi hatte uns bereits erwartet, ein zweites Kissen lag neben meinem, und er hatte zwei Tassen Tee für uns auf den Teppich gestellt.

Raj und ich erzählten von unserem Haus, wie wir es einrichten wollten und wie sehr wir uns freuten, darin leben zu dürfen.

So redeten wir eine Weile, bis Gurudschi schließlich sagte, dass es nun an der Zeit sei für einen ganz besonderen Ausflug.

Er sagte es irgendwie anders als sonst, in einem ganz feierlichen Ton.

Ich bekam eine Gänsehaut.

Raj hatte noch nie bewusst eine solche Reise gemacht, nur im Schlaf. Aber ich hatte ihm ja so viel davon erzählt, dass er glaubte, bei meinen Ausflügen mit Gurudschi dabei gewesen zu sein.

Wir gaben uns alle drei die Hände, und los ging's...

Wieder schienen wir zu fliegen oder, besser gesagt, zu schweben, ähnlich wie bei unserem Ausflug zur Akasha-Bibliothek.

Ich weiß nicht, wieviel Zeit oder ob überhaupt Zeit vergangen war (was war schon Zeit?). Jedenfalls vergaßen wir im Handumdrehen alles Irdische. Schließlich tauchte, wie aus dem Nichts, ein gigantisches Bauwerk vor unseren Augen auf. Wir befanden uns vor einem hell leuchtenden, nein, besser gesagt vor einem strahlenden Tempel, geradezu geblendet von dem Glanz, den er aussendete.

Auch hier führte eine breite Marmortreppe hinauf zum Tempel.

Die Architektur glich von außen dem indischen Taj Mahal in Agra.

Ehrfürchtig und bis aufs Äußerste gespannt, schauten wir zu dem prächtigen Tempel hinauf.

„Seht ihr die Stufen?“, sprach Gurudschi. „Es sind genau sieben Stufen, die wir gleich gemeinsam hinaufsteigen werden.

Ihr werdet sie langsam und in völliger Einkehr begehen. Auf jeder Stufe haltet ihr inne!

Diese Treppe ist die Treppe des Regenbogens. Jede Stufe steht für eine Farbe des Regenbogens.

Nehmt nun die erste Stufe!"

Wir betraten die erste Stufe; und als wir mit beiden Füßen darauf standen, erschien alles um uns herum in die Farbe Purpur getaucht zu sein. Eine unbekannte, warme und liebevolle Stimme sprach:

„Seid nun bereit, in euer Selbst einzutreten! Schaltet eure Gedanken ab!"

Wir blieben eine Weile so stehen. Nach einiger Zeit schritten wir weiter hinauf.

Die zweite Stufe tauchte alles in die Farbe Rot, und die Stimme sprach erneut:

„Entspannt euren Körper von Kopf bis Fuß! Sagt euch: Ich habe die Herrschaft über meinen Körper!“

Wieder hielten wir eine ganze Zeit in der Farbe Rot und einem wohltuenden, entspannten Zustand inne.

Die dritte Stufe stand für Gefühle. Es leuchtete die Farbe Orange:

„Entspannt eure Gefühle! Sagt euch: Ich habe die Kontrolle und die Herrschaft über meine Gefühle!“

Auf der nächsten, der vierten Stufe, sprach die Stimme:

„Entspannt euren Verstand und eure Gedanken! Sie sind jetzt ganz ruhig. Ihr habt die vollständige Kontrolle und die Herrschaft über euren Verstand.“

Und nun war alles in ein herrliches Gelb getränkt.

Die fünfte Stufe färbte alles in Grün:

„Lasst den Frieden in euch einkehren! Spürt die totale Harmonie.“

Augenblicklich durchrann mich ein bis dahin nicht gekanntes Gefühl des Friedens.

Wir stiegen weiter hoch, und die sechste und vorletzte Stufe tauchte alles in die Farbe Blau. Die Stimme sprach:

„Lasst euer ganzes Wesen von Liebe durchdringen. Spürt die unendliche, die göttliche Liebe!“

Auf der letzten Stufe, erreichten wir die Farbe Violett:

„Nun seid ihr in eurem Innersten, in euch selbst. Jetzt könnt ihr euch mit eurer Seele verbinden.“

Überwältigend, einfach überwältigend!

„Nun seid ihr gereinigt und bereit für die letzte Wahrheit“, sprach die Stimme weiter.

Wir standen vor einem großen goldenen Portal.

Es öffnete sich wie von Zauberhand, und wir konnten eintreten.

Im Inneren des Tempels war es ziemlich dunkel. Unsere Augen waren noch stark geblendet von dem Licht draußen, und so mussten wir uns erst einmal an die schwache Helligkeit gewöhnen.

Vor uns erschienen zwei junge Frauen in weißen Gewändern, die Fackeln in der Hand trugen und uns bedeuteten, ihnen zu folgen.

Sie leuchteten uns den Weg durch das Innere des Tempels. Wir schritten durch verschiedene Hallen und Säle und blieben schließlich vor einer breiten, goldenen Flügeltür stehen.

Wir warteten einen Augenblick, und dann öffnete sich die Tür von selbst.

Vor uns lag ein großer Raum, in der Mitte stand ein ovaler Tisch, an dem zwölf Menschen saßen. An den Wänden brannten unzählige Kerzen und Fackelstäbe.

Ehrfürchtig betraten wir den Raum. Der Mann, der am oberen Kopfende saß, erhob sich und sprach uns an:

„Willkommen, Tara und Raj!

Seid herzlich willkommen in unserer Tafelrunde!

Diese Tafelrunde ist eine heilige Versammlung, und es ist nur wenigen Menschen gestattet, diesen Ort zu betreten.

Hier wird ein großer Teil des geheimen Wissens aufbewahrt.

Kommt herein und setzt euch in unsere Runde!“, forderte uns der heilige Mann auf.

Raj und ich ließen uns jeweils auf der linken und rechten Seite an dem Tisch nieder, wo zwei Stühle für uns bereitstanden. Gurudschi setze sich neben den Mann, der soeben zu uns gesprochen hatte.

„Ihr habt viel gelernt in der letzten Zeit“, sprach er weiter und lächelte uns wohlwollend zu. „Schon vor langer, langer Zeit habt ihr beide euch entschieden, eines Tages die Wahrheit in die Welt zu bringen.

Jeder Mensch trägt diese Wahrheit ursprünglich in sich. Doch die meisten Menschen vergessen sie bei ihrer Geburt. Ihr könnt euch nicht mehr erinnern. Ihr seid euch dessen nicht bewusst, doch merkt ihr im Laufe eures Lebens, dass etwas Wichtiges, etwas Entscheidendes, fehlt, um das richtige, wahre Glück zu finden.

Die Menschen suchen und suchen. Aber sie suchen an den falschen Orten. Sie suchen in der äußeren Welt.

Das wahre, tiefe Glück aber entsteht erst, wenn ihr die Wahrheit erkannt habt.

Alles ist Gott, und Gott ist alles.

Erst wenn ihr das in eurem Inneren wieder entdeckt habt, werdet ihr das echte Glück, das göttliche Glück, erleben.“ Er machte eine Pause.

Ein zweiter weiser Mann erhob sich und verkündete:

„Die Einheit zu finden bedeutet, alles zu besitzen. Darin besteht in Wahrheit unser höchstes

Privileg. Das Gesetz dieser Einheit ist die Grundlage unserer unwandelbaren Kraft.

Sein Lebensprinzip ist die Kraft, die in der Wahrheit steckt – der Wahrheit dieser Einheit, die alle Vielfalt umfängt. Die Fakten sind viele, aber die Wahrheit ist eins.“

„Diesen Spruch gibt es hier auf der Erde. Swami Prajnanpad hat ihn einst zur Überlieferung aufschreiben lassen“, fügte er noch hinzu.

„Spürt ihr die Wahrheit der Einheit?

In Wirklichkeit ist alles eins.

Alles auf der Erde, alles auf dieser Welt, alles im Universum ist miteinander verbunden. Kein Schöpfungsprodukt kann für sich alleine bestehen. Alles ist mit allem verbunden. Jeder ist mit allem verbunden.

Der Kern aller Schöpfungsprodukte, also der Kern von allem und jedem, ist derselbe. Ihr könnt versuchen, mit Hilfe der Wissenschaft die Entstehung der verschiedenen Phänomene oder Naturabläufe zu erklären. Aber ihr werdet immer wieder nur bis zu einem bestimmten Punkt kommen.

Dieser Punkt ist die Quelle."

Er machte eine kurze Pause und schaute, ob Raj und ich ihm folgen konnten:

„Alles, was ist, kommt aus einer Quelle. Und diese Quelle ist Gott!

Diese Quelle ist die Seele der Welt. Sie ist Gottesbewusstsein. Sie ist reine Schaffenskraft.

Diese göttliche Schaffenskraft steckt in allem und jedem, sie ist alles.

Sobald ihr das Ganze erkennt, könnt ihr eins mit dem Ganzen sein. Nun kann das Einssein mit allem, was lebt, mit allem, was ist, beginnen.

Sich-Eins-Fühlen mit jedem und allem löst die unangenehmen und unnatürlichen Gefühle des Getrenntseins auf.

Erkennt in euch selbst und in allem die göttliche Schaffenskraft, denn jede eurer Zellen ist programmiert mit dem Gottesbewusstsein! Jede Zelle **ist** Gottesbewusstsein!

Nehmt die Seele durch eure Seele wahr, und ihr werdet zur höchsten Seele werden! Das Gottesbewusstsein ist diese höchste aller

Seelen. Eure Seele ist der Samen und die höchste Seele ist seine Entfaltung."

Wieder stand einer der heiligen Männer auf und zitierte einen Spruch, dieses Mal von Swami Vivekananda:

„Der höchste Sinn des Lebens besteht darin, sich als Seele zu erkennen, und die Vereinigung mit der göttlichen Quelle anzustreben.

Denn wer erkennt, dass alle Wesen in dem Einen enthalten sind, der geht im Gottesbewusstsein auf."

Ihr beiden, liebe Tara und lieber Raj, habt nun die Gelegenheit, diese Erkenntnis auf der Erde zu verbreiten! Ihr habt die Möglichkeit, die Menschen ein Stück aus der Dunkelheit ins Licht zu führen.

Ihr habt euch entschlossen, euch selbst und damit auch viele andere Menschen von dem begrenzenden, angsterfüllten Denken zu erlösen."

Ich fühlte eine tiefe, grenzenlose Verbundenheit mit diesen weisen Heiligen. Die

Blindheit fiel von mir ab, und auf einmal war alles kristallklar.

– Alles ist eins! Alles ist Gott!

Ein unglaubliches Gefühl des Einsseins bemächtigte sich meiner, und ich erkannte den Irrtum, den fatalen Irrtum des Sich-Getrennt-Fühlens.

Raj hatte scheinbar in diesem Moment dieselbe Erkenntnis, denn nun erhob er sich und ergriff das Wort:

„Es gibt weder Ich noch Du; alle Vielfalt geht in die absolute Einheit ein. In das eine und unendliche Sein-in-Gott."

Die heiligen und weisen Hüter der Tafelrunde lächelten uns anerkennend und wissend zu.

„Nun habt ihr den Schlüssel zum kosmischen Bewusstsein.

Ihr habt den Schlüssel zum göttlichen Bewusstsein.

Haltet ihn in eurer Seele und hütet ihn wie einen Schatz!"

Der Heilige hob die rechte Hand in die Luft und griff aus dem Nichts einen Schlüssel.

„Dieser Schlüssel wird euch alle Türen öffnen. Dieser sichtbare, materialisierte Schlüssel soll euch immer daran erinnern, dass ihr den wahren Schlüssel zu allem in eurer Seele tragt. Ihr braucht nichts weiter als die Erkenntnis, dass alles Gottesbewusstsein ist."

Ich fühlte mich durchdrungen vom Gottesbewusstsein. Ich war eins mit allem; mein Ego gab es in diesem Moment nicht mehr.

Und auf einmal spürte ich, dass auch ich materialisieren, also etwas aus dem Nichts, herbeiholen konnte.

Ich wollte den zwölf Gelehrten etwas Sand von unserem kleinen Strand am Ufer des Sees, geben.

Ich stellte mir den Sand in meinen Gedanken genau vor. Und dann spürte ich, wie alles eins wurde.

Der Sand wurde klar vor meinen Augen und dann hielt ich meine leicht geöffnete Hand ein wenig in die Luft und...

...in meiner Hand war Sand!

Überglücklich überreichte ich ihn den Weisen.

Ich hatte erlebt, wie es sich anfühlt, eins zu sein! Eins mit der Quelle!

Nun mussten Raj und ich aufstehen, und wir wurden zu zwei Sesseln geführt, die mit dunkelrotem Samt bezogen waren.

Raj setzte sich auf den linken und ich auf den rechten Sessel. Zwei der zwölf Weisen stellten sich hinter uns. Die anderen zehn knieten vor uns. Zwei von ihnen trugen lodernde Fackeln in der Hand.

Die beiden Männer, die hinter uns standen, legten ihre Hände auf unsere Köpfe:

„Ihr habt nun erkannt, dass in jedem und allem Gottesbewusstsein enthalten ist. Ihr habt erkannt, dass in jedem Lebewesen dasselbe Eine, das ewige Sein, lebt.

Ihr seid nun verankert in eurem wahren Selbst, und ihr seid somit gleichzeitig mit dem wahren Selbst von jedem Lebewesen identisch.

Ihr seid aus der Welt der Wirkungen in die Welt der Ursachen, aus der Welt des Vergänglichen in die Welt des Unvergänglichen, aus der Welt des Geschaffenen in die Welt des Schöpferischen gelangt.

Wir überreichen euch nun die Fackel des Lichts, der Liebe und der Wahrheit. Nehmt sie entgegen und tragt sie hinaus in die Welt!

Das ist die Einweihung!“

Wir waren erfüllt von dieser absoluten Wahrheit.

Unendliches Glück, Ruhe und Frieden strömten in unsere Seele über.

„Gehet nun hin und verkündet die Wahrheit!

Verkündet das Wort Gottes!“, mit diesen Worten übergaben sie uns die Fackeln.

Eine Welle des Glückes durchströmte mich.

Wir waren am Ziel! Unsere Suche war zu Ende!

Kapitel IX

Irgendwann, es kam uns vor, als seien es Lichtjahre später, saßen wir wieder auf Gurudschis Floß, immer noch in Seligkeit schwelgend.

Welch' himmlische Aufgabe: ‚Verkündet das Wort Gottes!'

„Die Einweihung ist ein großes Privileg", sprach Gurudschi: „Sie ist aber auch eine große Verantwortung, vergesst das nicht!"

Raj und ich schworen, niemals von unserem Weg abzuweichen. Wir waren nun eingeweiht und uns unserer Verantwortung voll bewusst.

„Ihr habt gelernt, was ihr zu lernen hattet. Meine Aufgabe ist hiermit zu Ende. Ihr braucht mich nun nicht mehr.

Gehet hinaus in Welt und lasst sie teilhaben an eurem Wissen", gebot Gurudschi feierlich.

Mir traten Tränen in die Augen, ich spürte einen tiefen Schmerz. Gurudschi sollte für immer in meiner Nähe bleiben!

Ein Leben ohne ihn konnte und wollte ich mir nicht mehr vorstellen.

Gurudschi lächelte mich an: „Denk an die Einweihung, Tara!

Alles ist mit allem verbunden. Alles ist eins. Wir sind für immer tief miteinander verbunden.“

Trotzdem war mein Herz für einen Moment schwer.

Raj und ich verließen das Floß, und als ich mich zum allerletzten Abschied umdrehte, waren Floß und Gurudschi verschwunden.

Ich schluckte und kämpfte mit den Tränen, und meine Gedanken gingen zu Gurudschi zurück:

„Danke, Gurudschi, danke für alles.“ – erfüllt von tiefer Dankbarkeit und Liebe für meinen Lehrer Gurudschi. Wir waren seelisch verbunden – und nun spürte ich wieder die Einheit und nicht mehr das Getrennt-Sein.

Das Leben und Wirken in unserem Haus am See entwickelte sich prächtig. Schon nach kurzer Zeit wurde unser Haus zu einem spirituellen Zentrum, in dem Menschen aus der ganzen Welt ein- und ausgingen, darunter viele Wissensträger und religiöse Führer. Es herrschte ein offener Gedankenaustausch, und jeder, der sich eine Weile dort aufhielt, profitierte von den tiefreichenden Gesprächen über die Wahrheit des Seins, über Gott.

Eines Tages gingen Raj und ich – wie allabendlich – durch unseren herrlichen Garten spazieren. Hand in Hand, hinunter zum See, wo sich das tiefe Rot der Abendsonne in seinem smaragdfarbenen Wasser spiegelte.

Wir setzten uns auf unsere Lieblingsbank und schauten aufs Wasser.

Plötzlich tauchte ein kleines Floß vor uns auf.

Wir schauten genauer hin: War das eine Fata Morgana?

Nein, tatsächlich, auf dem kleinen Floß saßen Gurudschi und Guru Nana.

Sie lachten zu uns herüber und winkten uns vergnügt zu.

Und ehe wir wussten, wie uns geschah, waren sie auch schon wieder verschwunden...

Danke, Gurudschi!